AF345975

EL VERSO Y LA VIDA

ExLibric

ASENSIO LIARTE

EL VERSO Y LA VIDA

EXLIBRIC

ANTEQUERA 2020

ASENSIO LIARTE

EL VERSO Y LA VIDA

A LA POETA MURCIANA

Lucha con todas tus fuerzas,
pues poetas de tu talla
no deben nunca rendirse
y no han de pensar en irse,
sino en ganar la batalla.

Vivan Murcia y Cartagena,
vivan Portmán y La Unión
y también Puerto Lumbreras,
que es tierra de promisión
y de frondosas higueras.

Los almendros de sus lomas
producen almendras nuevas
cuando sus flores se asoman
esparciendo sus aromas
en todas las primaveras.

Sus montañas de pizarra
producen bellos milagros
y entre pedruscos y cardos
va su rambla de Nogalte,
inspiración de los bardos.

A MI AMIGO SEBAS I

Amigo Sebas, tú sabes
que ser poeta no es fácil.
La rima es cosa de vates
y a los vates no los mates,
pues son pasta de aguacates.

Trovar se te da muy bien,
eso te vendrá de herencia.
Trovar es un periquete,
que está en la esencia también
desde Murcia hasta Albacete.

Existió un tiempo glorioso
en el que fuimos paisanos.
Ahora sigue siendo hermoso
el estrechar nuestras manos
con convicción y gran gozo.

La amistad viene de lejos.
En Cartagena viviste,
estudiamos en la escuela
ciencia de las minerías
y algo también de zarzuela
y los cantes de Herrerías.

A MI AMIGO SEBAS II

Albacete, llega y vete,
no te vayas a quedar.
La que se quedó es «Cienfuentes»
y también la Cospedal,
que son dos hembras valientes.

A veces quedarse es bueno,
pero lo bueno es huir
cuando lo propio y lo ajeno
con nos se quieren venir.

Pero qué ingrata es la vida,
que tan mal a veces trata
cuando quien mete la pata
de la moral va y se olvida.

La ética y la honradez
son cosas que van parejas
y cuando de ellas te alejas
entras en la estupidez
y te crecen las orejas.

A MI SOBRINO RAÚL

Cada minuto que pasa
más me encuentro yo perplejo.
Tengo que hacer tabla rasa
y no mirarme al espejo.

Pues si me miro al espejo
esto suele resultar,
que siempre veo al mismo viejo
al que no quiero mirar.

Yo llegué aquí, que no es poco,
tras un largo caminar.
Seguro estoy que tampoco
yo lo podré desandar.

Aquí me quedo, sobrino,
hasta que la parca quiera.
No conozco mi destino
ni conocerlo quisiera.

A MI TÍO JOSÉ

El lunes fui a Barcelona
a despedir a mi tío.
Él también nos abandona,
el último que se ha ido.

Fue el más joven de mis tíos,
hijo de mi abuela Pepa,
una mujer de amplios bríos,
pues nadie en esto discrepa.

Él era más que mi tío,
él fue mi hermano mayor.
Después de yo haber nacido
él llegó a ser mi mentor.

De mi tío yo aprendí
muchas cosas cada año
como a cazar la perdiz
y cuidar bien del rebaño.

De cabras era el rebaño,
propiedad era de mi abuelo.
Comía en el monte aledaño,
de nombre Monte Carmelo.

Por costumbre inveterada
cuatro Asensios somos, cuatro.
Menos uno, que no estaba
en el familiar teatro.

Con sus hijos me encontré
y alguno más de mis primos.
Sus hijas también hallé.
Con tristeza nos reunimos.

De tiempo no nos veíamos,
hará más de cuatro años.
Siento que no mantuvimos
la promesa de juntarnos.

Su gran familia creó
junto a su mujer, tía Rosa.
Tiempo ha que nos dejó
persona tan bondadosa.

Ahora que mi tío no está
he quedado yo el primero.
Soy el de mayor edad,
aunque me mantengo entero.

Estos lazos familiares
los debemos mantener.
Unidos cual militares
es justo permanecer.

Reunirnos es necesario
para no olvidarnos nunca
que la vida es un calvario
cuando la hermandad se trunca.

No debemos olvidarnos
que nuestros padres nacieron
y juntos ellos crecieron,
pues todos eran hermanos.

Queridos primos y primas,
mi petición es, *de facto*,
hagamos como las rimas,
que no pierden el contacto.

A Serrejón

Serrejón es una villa
en las faldas de Monfragüe,
pueblo de gente sencilla
donde la flor amarilla
hace que la fida fragüe.

Sus gentes son buena gente,
todo limpio, nada sucio,
y entre ellas Pedro Burcio,
hombre cabal y decente.

Pedro Burcio es el amigo
de mi amigo Fabriciano
y pongo a Dios por testigo
que es el placer más mundano
estrechar a ambos la mano.

Siempre que voy a Serrejón
como en casa yo me siento
y haga frío o haga viento
me hace una gran ilusión
y siempre alegre me siento.

La iglesia de Serrejón
es pequeña pero hermosa
y no tiene parangón
ni tiene comparación
con cualquier casa casposa.

En su torre las cigüeñas
hacen sus enormes nidos.
Sus gentes están conformes
con las grandes y pequeñas.

A Sevilla

Sevilla, qué maravilla,
tierra de tortas de aceite,
donde la gente sencilla
las toma con gran deleite
desde cubierta a la quilla
en el barco de Chanquete.

Y no quisiera olvidar
a las nobles aceitunas,
producto del olivar,
buenas para acompañar
aquello que desayunas.

De Sevilla no me hables
sin provocar mi nostalgia.
Ciudad en la que fui feliz
y, aunque no comí perdiz,
nada allí fue una falacia.

Es la ciudad a la que adoro
y la seguiré adorando.
Yo no sé cómo ni cuándo
a sus calles volveré,
pues yo la sigo soñando.

A TI

A ti, que aprendiste a volar con las alas del alma.
A ti, que escalas las más altas montañas sin siquiera pisar la tierra.
A ti, que conviertes en flores los abrojos y cubres de amapolas los caminos.
A ti, que hiciste de la virtud tu forma de vida y tu bandera.
A ti, que nadas en todos los océanos sin llegar a mojar tus dorados cabellos.
A ti, que amas todas las cosas naturales de la vida y rechazas lo artificioso.
A ti, que perdonas las ofensas sin esperar la justa correspondencia.
A ti, que perfumas con tu aroma la quietud silenciosa de los cementerios.
A ti, que devuelves amor, y solo amor, a quienes te avasallan.
A ti, que despiertas a los gallos cuando el sol comienza a levantarse.

Tú, que has podido adueñarte del mundo sin ningún esfuerzo y no lo has hecho.
Tú, que vienes de la nada y a la nada te diriges con paso firme y decidido.
Tú, que desprecias el dinero y solo te interesas por la vida eterna y pura.
Tú, que ya vienes de regreso cuando la mayoría todavía va hacia ninguna parte.
Tú, que amas la palabra paz en vez de la ignominiosa y maldita palabra guerra.
Tú, que prefieres la muerte antes que la ofensa a tu prójimo.

Tú, que tienes dentro de tu corazón todos los secretos que conducen a la virtud.

Tú, que compartes lo que tienes con todos aquellos que son poseedores de nada.

Tú, que vives al abrigo de la envidia y del rencor de los humanos.

Tú, que tienes por lecho el mundo y por techo el brillante manto de las estrellas.

Siempre tienes en tu boca la palabra justa para consolar al afligido.

Siempre recoges los nutritivos frutos que producen las semillas que con amor sembraste.

Siempre entregas tu inmensa e inmaculada alma, incluso a aquel que no lo merece.

Siempre tienes en tu boca la palabra justa para mostrar el lado bueno de la vida.

Siempre estás acompañado por una legión de imitadores que quieren ser como tú eres.

Siempre eres bienvenido a los maravillosos lugares donde el amor campa por sus respetos.

Siempre descubres al bondadoso aunque este se encuentre entre un millar de malvados.

Siempre ofreces la miel de tu colmena en lugar de venderla a los impíos.

Siempre ocuparás un hueco en el corazón de todo humano bien nacido.

Siempre me tendrás a tu lado, amigo, de la manera más incondicional que imaginarte puedas.

Evita correr delante del toro desbocado; procúrate un árbol al que subirte.

Evita creer a todo el que miente porque solo es útil para hacer el mal a los mortales.

Evita cenar copiosos manjares; solo servirán para que enfermes.

Evita soñar con un mundo nuevo; este viejo es y así continuará siendo hasta la eternidad.

Evita el dolor que produce el necio; si tú no te apartas de su mal camino, te llevará consigo.

Evita jurar por los dioses todos; ellos son muy suyos y nunca te ayudarán por mucho que lo desees.

Evita vivir junto a la serpiente, pues con su veneno y sus malas artes segará tu vida.

Evita que vuelva el tiempo pasado; ya no será lo mismo y daño agregará a tu existencia.

Evita la pena que produce el llanto; el que llora es siempre el gran perdedor.

Evita el polvo del camino porque en él puede estar el mal en suspensión.

No pienses en el dinero; él no compra la felicidad ni la salud ni nada que sea sublime.

No persigas el poder; el poder corrompe y solo ayuda a abrir las pesadas puertas del infierno.

No olvides al amigo, al verdadero amigo; siempre estará a tu lado en los momentos más difíciles.

No creas que la gloria se gana solo con desearlo; *ora et labora*, ahí está el secreto.

No seas iluso, aunque de ilusión también se vive, dice la máxima, pues la ilusión es un intangible.

No prometas nada que no estés seguro de poder cumplir; la palabra es la savia del árbol humano.

No cuentes a nadie un secreto, pues en el momento en que lo compartes este deja de serlo.

No confíes en la lotería, ya que esta no apuntalará tu vida, pues siempre le toca al vecino.

No es justo quien puede, sino quien quiere; la justicia garantiza la dignidad humana.

No creas en las hadas; estas siempre engañan a la princesa, haciéndola dormir para siempre.

A UNA MALENA

Como no lo recordaba
yo lo tuve que indagar,
cómo allí tú les llamabas
a los hijos de Posadas
y así poderlos nombrar.

Y así, usando los espacios
que brindaba el *interné*,
con el concejal Palacios
de inmediato contacté.

Él me contestó volando,
con nombre que bien me suena,
que la nacida en Posadas
su gentilicio es malena.

Del año sesenta y siete
viene ya nuestra amistad,
que es como huella de aceite
que no se puede borrar.

En Morón nos conocimos
y a nuestras propias parejas.
Con ellas felices fuimos,
se torcieron los destinos,
se enredaron las madejas.

Pues fue en una fiesta-baile,
invitados de una amiga
paisana de mi mujer.
De cazar la cosa iba.

Dos parejas se ensamblaron,
terminando en matrimonios,
mas las cosas cambiaron
a causa de los demonios.

La vida no es pan comido,
no es posible cambiar
el camino recorrido.
No se puede desandar.

Hoy seguimos siendo amigos,
pero de forma distinta.
Ya lo dicen los testigos,
que hacen correr mucha tinta.

Aún recuerdo aquellos días
en que yo, con mi seiscientos,
sin ambages ni manías
os ofrecía sus asientos.

Allí yo me desplazaba.
Te voy a dar una pista,
pues el lugar se llamaba
don Pepito el Alpinista.

Tiempos de grande ilusión,
puesto que aquello sería
en nuestra vida embrión
que el futuro prometía.

La vida sigue adelante
con final insospechado.
Hay que afrontar su legado
con positivo talante.

Hoy tú vives en Posadas,
tu pueblo de nacimiento,
con singladuras pausadas
y sin pesar ni aspaviento.

De corazón te deseo
que seas feliz en tu tierra
aunque no sea un devaneo
lo que el devenir encierra.

Los hijos tienen sus vidas,
con ellas tienen bastante,
y han de jugar sus partidas
para seguir adelante.

En esta fecha entrañable,
que tal es la Navidad,
lo más justo y deseable,
una gran felicidad.

Felicidad que añoramos
durante toda la vida
y alcanzarla deseamos
aunque otro lo decida.

Recibe, amiga, este trovo
que hacer yo te prometí.
Homenaje es para ti
y que yo compuse *ex novo*.

Feliz Navidad, mi amiga,
que el mundo te trate bien
y que el cielo te bendiga
y que te importe una higa
la desidia y el desdén.

ALUBIADA TOLOSANA

Hoy tenemos alubiada,
de Tolosa, por supuesto.
Esta ha sido preparada
con receta del maestro.

Somos el grupo de inglés,
todos muy bien avenidos,
pues todos somos amigos,
grandes colegas también.

Nuestra *teacher* ha venido
para hacernos el honor
y con nos ha compartido,
ha comido y ha bebido
de lo bueno lo mejor.

Es un grupo heterogéneo
donde los *men* y las *women*,
sin diferencia de género,
sus diferencias dirimen
con diligencia y esmero.

Ahora debo terminar,
procediendo a despedirme
de gente tan singular,
a la cual he de apreciar
hasta el momento de irme.

AMIGO PENCHO

Tu procedencia es diversa,
tu sapiencia es encomiable.
No tendrás familia persa,
pero a fe que es muy diversa
en ascendencia y raigambre.

Procedencia bazanera
te da solera y prestigio
y, como ya Plinio dijo,
no es tu profesión postrera,
pero sí fue tu cobijo
para tu estirpe minera.

Yo no tengo la ventaja
de haber estado en Bazán,
pero sí fui el que trabaja
en la Minera Celdrán.

Minero fui por un tiempo
y nunca llegué a pensar
que yendo a favor del viento,
sin haber sido un portento,
yo llegaría a medrar.

AMIGO TROVERO

No te preocupes, amigo,
si tu trovar no es perfecto,
pues seguro que algún día
alcanzarás nombradía
trovando como un maestro.

No siempre es la calidad
la que da al trovo pasión.
Al igual que la bondad,
lo que prima es la intención.

Cuando tú a trovar te atrevas,
además de lo que dices,
como el pájaro en las brevas
decide a quién te diriges.

No conoce el trovo límites.
Es, como todo, pasión,
pues lo que tú te permites
va incluido en la intención.

AMIGOS FILÓSOFOS

Después que pasen los Reyes
y nos colmen de regalos
acudamos a las leyes
que castigan a los malos.

Entonces será el momento
de podernos reunir
y a velocidad del viento
yo os prometo acudir.

Hablaremos con mesura
de lo divino y lo humano,
rebozando con ternura
nuestro debatir temprano.

En vuestras manos lo dejo,
solo tenéis que avisar,
pues lo mismo que el vencejo
estoy dispuesto a volar
antes de hacerme más viejo.

Arroz a banda

Hoy tuvimos el placer
de haber una gran paella,
sencillamente divina,
buenísima toda ella,
donde Juan y Catalina.

Una gran celebración,
cumpleaños de su boda,
una feliz diversión
y fue una grata ocasión.
Cayó la paella toda.

El año que viene otra
en cincuenta aniversario,
porque el arroz no se agota
como el plátano canario.

Y colorín colorado,
como el cuento terminaba,
este trovo se ha acabado.
La paella ya no estaba.

Arroz con leche II

Este blanco arroz con leche
tiene estatus de manjar
y espero que me aproveche
en mi próximo yantar.

Leche de cabra utilizo,
que es una leche especial.
Es un producto castizo
que regala el paladar.

También con leche de vaca
lo podemos cocinar,
pues también es leche blanca
agradable de tomar.

Este plato tiene historia,
pues es un plato ancestral
y se prepara en memoria
del último neandertal.

Arroz y arroces

El arroz con el centollo,
auténtica novedad.
¿Será mejor que el de pollo?
Eso dice un gran cebollo
que lo aprecia de verdad.

Como tú muy bien conoces,
que no hay cinco, hay muchos más.
En esto de los arroces,
empezar y no parar.

Yo soy fan de este gran plato.
Menos crudo, es mi pasión.
Con gusto acepto el relato
de elevarlo en ascensión.

Por cierto, el arroz con leche
me complace a rabiar
y si de cabra es la leche
me enloquece degustar
un plato de arroz con leche.

BIRTHDAY REUNIÓN

En Morón yo te encontré,
en una fiesta casera.
Desde que te vi pensé
que serías mi compañera
y así ha sido y así fue.
Gracias por estar siempre a mi lado.

Hoy aquí todos estamos,
unidos en sana paz
con estos dos veteranos
que un día fueron los «paganos»
y hoy son padres nada más.

Nuestros hijos, nuestra obra,
causa del mayor orgullo.
Nada nos falta ni sobra,
ni siquiera la zozobra.
Son cosas de Perogrullo.

Las parejas de los tres,
que en buena hora llegaron,
son nuestros hijos también,
pues la familia aceptaron
y este es nuestro parabién.

También están nuestros nietos,
aunque solo dos tenemos.
Hemos de aceptar los hechos
sin reproches ni despechos,
pues a todos os queremos.

El año que viene más,
pues tenemos un propósito,
el de aquí continuar
como el agua en el depósito
que la sed puede calmar.

CALABACINES

Han sido recolectados
en mi modesto jardín.
Yo no tengo mucho espacio;
aun así, no soy reacio
a criar calabacín.

Mi hermano tiene una huerta
que se la cuida un colega
y con todo van a medias
sin disputa ni reyerta.

El agua a mí no me falta,
los pantanos están llenos
y sus precios son muy buenos
para regar bien la planta.

El problema de mi hermano
es el del agua y su precio.
Paga el agua de pantano
como si comprara grano
o las monedas de un pecio
del mismo Mediterráneo.

LA CATALUÑA EMBRUJADA

Hoy visitar Cataluña
resulta desagradable.
Puede que alguna garduña
de las que sacan la uña
o también sacan el sable
te expulse a Sierra Espuña.

Cuando hablan de los *mursianos*
de forma muy despectiva
se olvidan que son humanos
y dieron por ellos la vida.

Charnegos llaman a todos
los que vinieron de fuera,
sean castellanos o godos.
No los quieren en su era.

Ya no es solo indiferencia
lo que hacia ellos profesan;
emplean la maledicencia
y ahora así lo confiesan.

En Cataluña viví
varios años de mi vida.
Allí destinado fui
a enderezar la desidia
que mostraban los de allí.

Y gracias a un gran equipo,
de cuya elección presumo,
pude mantener el tipo
y en tres palabras resumo:
un éxito fue, repito.

Mi único mérito fue
elegir a las personas.
Esto yo ahora lo sé
cuando al devenir te asomas.

Mi amigo Miguel Fernández,
él fue un puntal decisivo,
pues en Madrid o en los Andes
él sigue siendo mi amigo.

Catalana sangre tengo,
pues uno de mis abuelos
de Reus era su ascendencia,
con un apellido Andreu.
Así sé de dónde vengo.

Casi toda mi familia
a Cataluña emigró:
abuela, tíos y primos.
Con sus hijos y sus nietos
en ella permaneció.

La de mi abuela paterna
se fue a primeros de siglo
y un hermano de mi abuelo
él también hizo lo mismo.

Mi abuela emigró más tarde
con el menor de sus hijos
y aún permanece allí.
Su residencia se llama
cementerio de Montjuic.

También allí fallecieron
mis tías Josefa y Rosa,
mi tío Asensio y mi tía Juana,
donde su cuerpo reposa.

Yo a todos mis primos quiero,
yo diría que por igual,
pero no puedo olvidar
al querido primo Ángel,
pues él fue un primo especial.

Tras esta primera parte,
de forma calma y serena
hablaré de Cataluña
desde el fondo del problema.

Ahora supongo que el clima
(político, me refiero)
de la mesa puso encima
el problema verdadero.

Qué pena me da a mí ahora
a lo que al fin ya llegó
la vieja locomotora
a la que el odio turbó.

La solución sin demora
hay que encontrar desde ahora.
Esto no admite demora,
pues hay que aplicarse el cuento.

En tiempos no muy lejanos
el reino de Aragón era.
Solo había unos paisanos
que no pintaban siquiera
con los dedos de las manos.

Hoy dicen que son nación,
pero este bodrio no cuela.
Son un pueblo de cartón,
una nación de zarzuela.

Una parte de los socios
quisieran la independencia
manteniendo los negocios.
Tienen poca inteligencia.

Si piensan que el truco cuela,
creyendo sin más ni más
que ellos podrán escapar,
puros sueños de entretela.

No confío en que el problema
fácilmente se resuelva
aplicándole anatema
o simple ley de la selva.

Es seguro que el problema
viene de bastante lejos.
Siguieron con sus complejos,
son gente bastante mema.

Reinaba el de Trastamara
en todo el extenso Aragón,
pero un día se separaran
Cataluña, Valencia y las Baleares.
Ya Cataluña luchaba
por convertirse en nación.

Aún no ha cejado en su empeño
y tras varias intentonas,
las que quitaron el sueño
a dueños de las poltronas.

En este justo momento
triunfa una gran virulencia,
pues perdieron la paciencia.
Esta es la verdad del cuento.

Sin duda solución tiene,
algunos piden mano dura.
Esto es algo que conviene
a todo aquel que sostiene
el método dictadura.

Yo te aseguro sin duda,
posiblemente mañana,
que tiren por la ventana
la razón y la cordura.

Los *indepes* son violentos,
yo me acuerdo del pasado.
No paran en sus intentos,
aprovechan los momentos
para desandar lo andado.

Que Manitú nos asista
para soportar las cruces
y los lazos amarillos,
que al odio todos inducen.

A todos pido perdón
por este extenso libelo,
por su aburrida extensión.
Que no te sirva de duelo
ni de mala información.

Y aquí lo dejo aparcado,
no por falta de materia,
pues me siento yo frustrado;
mi corazón, inundado
de tan horrible miseria.

Cataluña

Cataluña es una cuña
en el Estado español
y es lo mismo que la uña
de la nocturna garduña
introducida en formol.

La garduña por la noche
depreda en los gallineros
expulsando a las gallinas,
si no las mata primero
y esconde entre las encinas.

Peligro, peligro tienen
los enemigos de España.
Hasta se inventan la historia,
tergiversan la memoria
y al que se deja lo engañan.

Son una inmensa patraña,
son traidores y taimados
y falsos donde lo haya.
Todos cambian de color
al igual que la papaya.

Cocinar

Hoy me tocó cocinar,
pues mi familia ha venido,
así que he decidido
preparar en un instante
un arroz con bogavante.

Arroz que resulta fácil,
muy fácil de cocinar,
al menos para mí mismo.
Y aunque a veces pierda el ritmo
siempre puedo mejorar.

A mis nietos les encanta
todo lo que sea arroz
y sería una cosa atroz
que yo no pudiera hacer
lo que el ánimo levanta.

¿Cómo no les va a gustar
si desde siempre han tenido
este plato preferido
por la gente del lugar?

COLEGAS FILOSÓFICOS

Hoy es lunes dieciocho, que alegría.
Nos vamos a reunir
varios antiguos colegas
de la impar filosofía.

Colegas pero amigos, sin embargo,
y no es que lo diga yo.
Es la realidad, que no
tiene obstáculos ni embargo.

Soy de todos el mayor,
lo que me da, sin desdoro,
la licencia superior
de componer este trovo.

Nos une la noble causa,
la que nunca va a fallar,
sin ambages y sin causa.
Nadie puede eliminar
la libertad que ello causa.

COMIDA DE NAVIDAD *IMPROVING*

Hoy la lluvia nos visita.
Produce satisfacción
el ver como ella disipa
la maldita polución.

Celebración hoy tenemos
allá en el Molino Viejo.
Allí los diez estaremos
tomando el menú con vino.

Estaremos todo el grupo,
también nuestra profesora.
Lo que ella siempre supo
es que este *improving* la adora.

Otro año que termina,
mas esto aquí no se acaba.
El inglés es una mina
en el mar y en la alcazaba.

COMIDA NAVIDEÑA

Tuvimos la enorme suerte
de adherirnos a la mina,
profesión que es del más fuerte.
Santa Bárbara es madrina
que acompaña nuestra suerte.

En mi caso tengo genes
de la mina en mi caletre.
Y si el amor ya lo tienes
no eres cualquier petimetre.

Hoy tenemos reunión
y comida consiguiente.
Hablaremos de La Unión,
tierra de mina latente.

Mi amigo Pencho y colega
será el otro comensal.
No es un amigo cualquiera,
tiene un valor colosal.
Él puntual siempre llega.

Corrupción en Granada

Como el rayo que no cesa
emerge la corrupción.
No es antigua ni es moderna;
es esa lacra que merma,
al igual que un gran ladrón,
dejando la caja yerma.

Ahora ha tocado a Granada
una nueva imputación.
Cayeron de una tacada
el exalcalde con su espada
y concejales un montón.

Enfrentan serios delitos,
que conllevan la prisión.
Que devuelvan el dinero
y les damos el perdón.
En la trena no los quiero,
pues nos cuestan un montón.

Pertenecen al partido
que está liderando el *ranking*.
No son más que un sinsentido.
Nos prometieron marido
y nos dan un saltimbanqui.

Es doloroso en extremo,
lo podemos constatar,
que me han tomado por memo
y no los voy a votar
aunque me ofrezcan el cielo.

Pido excusas por la, quizá, excesiva extensión, pero ya que hablamos de Granada pido permiso para rememorar la historia del poema que está grabado en la Torre de la Vela, en la Alhambra, poema perteneciente al poeta mexicano Francisco de Asís de Icaza (siglo diecinueve) cuando se encontraba en viaje de bodas en esta ciudad. La mujer del poema es Beatriz de León, su propia esposa, y dice así:

Dale limosna, mujer,
que no hay en la vida nada
como la pena de ser
ciego en Granada.

Poema dirigido a un mendigo ciego y mudo que pedía limosna frente a la Puerta de la Justicia. Posteriormente, Ángel Ganivet compuso este otro sobre el mismo tema:

¿Cómo pide si no habla,
si a nadie sus ojos miran?
No puede hablar porque es mudo,
habla su mano extendida;
no puede ver porque es ciego,
mas su mano tiene vista.
Y entonces ¿cómo no llora
lamentando sus desdichas?
¿Cómo quieres que llore
si están secas sus pupilas?

Día Internacional de la Poesía

Hoy me acaban de informar
que es el Día de la Poesía.
Decido colaborar
con esta rima tan mía.

Nos hace falta rimar
ante tanta disfortuna,
pues no vayan a pensar
que vivimos en la luna.

El poeta es un durmiente
al que place despertar
para alegrarte la vida
con su modesto trovar.

Recibe, pues, este trovo
aunque su verso no sea
la canción que amansa al lobo
y atempera la marea.

EL *ALETI*

Hay un equipo molón
en estadio La Peineta,
que cuando quiere lo peta
y mete goles a montón.

Aunque a otros él no pueda
en los triunfos igualar,
al menos cayó la breva
de en esta ocasión ganar.

Mi nieto estará contento,
pero su padre también,
si el *Madrí* hace lo mismo
y le ofrece al madridismo
el lógico revanchismo.

La Cibeles ya te espera,
no la puedes defraudar,
pues así, de esta manera,
en la lid debes triunfar
esta misma primavera.

EL AMOR DESMEDIDO

Nuevos casos en América
de más «padres» pederastas
abusando de los niños
como malditas madrastras
con criminales cariños.

Hay muchos que justifican
tan espantosa actitud
y a estos monstruos santifican
sin crítica ni acritud.

Sus altos jefes ocultan
sus acciones denigrantes;
piensan que no son bastantes
y ni les riñen ni los multan.

Estos demonios confunden
el amor con el pecado
y sus males difunden
a todo su «electorado».

Dejad a los niños venir a mí,
dijo el Mesías un buen día.
No hay que amar con frenesí.
El amor y la armonía
no es asunto baladí.

Cuando pienso en tal basura
mi mente se desconcierta.
Erradicad sin premura
una cosa tan abyecta,
causante de desventura.

¿Cómo se puede atajar
esta espantosa epidemia?
No podemos aceptar
esta tremenda blasfemia.
Por lo sano hay que cortar.

La solución del binomio
dicen los que la conocen
y nos dan su testimonio,
y para que todos gocen,
reimplantar el matrimonio.

Sucedió en el siglo cuatro,
cuando se implantó la norma
instaurando el celibato
y esto pasó a ser un dogma.

Se prohibió a las mujeres
el poder ser ordenadas;
los hombres y sus poderes
volvieron a las andadas.

Aquella obra divina
que fue hecha para el hombre
hoy pide la medicina
que reduzca la hecatombe
que parece se avecina.

De una gran complejidad
son los asuntos del alma.
Para curar la maldad
es necesaria gran calma
y muy buena voluntad.

¿Serán ellos perdonados?
No, el dios para el que trabajan
creo que los tiene fichados
y a sujetos tan malvados
sus penas no las rebajan
ni los bienaventurados.

EL AMOR II

Hoy, pensando en la belleza,
se me ocurrió que el amor
encierra tanta grandeza,
requiere un puesto de honor.

Es el amor verdadero
lo más antiguo del mundo,
pues siendo un amor sincero
es el amor más fecundo.

Existe el amor filial,
el que sienten los hermanos.
Es el amor especial,
el que mueve a los humanos.

Está el amor pasional,
que es el amor más fecundo,
distinto al amor filial,
el amor que inflama el mundo.

Cuando alguien se enamora
entra en estado de trance.
Una fuerza arrolladora
hace aflorar el romance.

Existe una forma hermosa
de derramar el amor.
Amor tan prometedor
como el amor a la esposa.

También existe el amor,
amor como debe ser,
amor de enorme esplendor,
el del hombre a su mujer.

Siempre ha existido un amor
minoritario y distinto,
un amor con el dulzor
de las pasas de Corinto.

Este es entre dos personas,
que por eso es especial.
Aquí mandan las neuronas,
amor homosexual.

Hay amores sobrehumanos,
amores excepcionales.
Son amores bien mundanos,
amores muy especiales
los que sienten los humanos
por los propios animales.

Otro amor que no es menor
es un amor de pureza.
El que el humano profesa,
el amor hacia algún dios.

Hay un amor puñetero
que al corazón embrutece.
No es un amor verdadero,
al dinero pertenece.

También existe un amor,
es el amor que embelesa.
Ella nos da lo mejor,
la madre naturaleza.

Hay un amor escondido
que siente quien se autoengaña,
el que ama la patraña
y ama lo desconocido.

Amor de lo más terrible
que existe bajo los cielos.
Un amor indescriptible
es el amor de los celos.

El amor más denostado,
el amor al narcisismo.
Es un amor desbocado,
es el amor a sí mismo.

Dios nos libre de caer
en tan enorme pecado,
pues es malo pretender
que el amor sea denigrado.

Un amor que yo no olvido
por su gran repercusión,
por su anímica pulsión,
es el amor desmedido.

Es el amor que tenemos
hacia aquel que está más próximo,
es el amor que debemos
al que Dios le llamó prójimo.

Existe un amor secreto
que goza de los instantes.
Es un amor muy concreto,
el amor de los amantes.

Es un amor necesario
que carece de maldad.
De todo menos precario,
amor a la humanidad.

Es el amor más sublime
que existe sobre la tierra.
Es el amor de una madre,
aquel que el odio destierra.

Olvidaba el desamor,
este es el amor opuesto,
un amor desolador,
el amor que yo detesto.

Hay dichos sobre el amor
que son como los imanes.
Exacerban el candor,
el amor a los refranes.

Es el amor altruista,
carece de baluarte,
no es amor mercantilista
y este es «por amor al arte».

Amor con amor se paga,
eso nos dice el refrán.
Que la pena se deshaga;
al pobre has de darle pan.

Otro amor es al cinismo,
que nos lleva a los humanos
a los horrores mundanos.
El amor al masoquismo.

Hay otro amor bajo el sol,
el que induce al tremendismo,
tan fuerte como el mentol.
El amor al dogmatismo.

De aquí al final hay un trecho
que no puedo soslayar,
un amor que hace pensar,
el amor por lo bien hecho.

Hay, sin duda, más amores
que en la oda no cabrían,
ni mejores ni peores.
Amores encantadores
que al hombre mejorarían.

Con esta estrofa yo cierro
mi reflexión mañanera,
pues yo con ella destierro
la sombra de una quimera.

EL ANCIANO

Introducción...
Os envío con este trovo
mi cariño más sincero.
Os lo mando envuelto en oro
a fin de que os llegue todo
sin retardos ni desdoro.

Esta noche es Nochevieja.
Nuestras mentes se liberan
del obsoleto pelaje
como los hados esperan.

El año despediremos
en íntima compañía.
Yo y mi *mujé* cenaremos,
veremos llegar el día.

En el uno el año empieza,
yo deseo que para bien
y que la naturaleza
nos traiga salud también.

Termino la introducción
con este somero trovo,
teniendo la convicción
que el que va a continuación
sea leído sin desdoro.

El trovo...

Se nos va este dieciocho,
el otro viene mañana.
Viene más *pincho* que un ocho.
Ya se asoma a mi ventana
como un sabroso bizcocho.

El diecinueve será
como el presente o mejor,
el tiempo nos lo dirá.
Espero que sea un primor.

¿Será un año regular?
¿O será el año del grajo?
Que sea un año peculiar
donde no falte el trabajo.

Con mi más sana intención
feliz año os deseo,
siendo esta la bendición
que sale del corazón
y que un buen año nos dé el cielo.

Que el hombre por fin comprenda
que no está aquí para ser
el que busca la prebenda,
sino para el bien hacer.

Todo puede ser distinto,
distinto para mejor
si lo hacemos con ahínco,
cambiar odio por amor.

Basta ya de cultivar
el huerto de la mentira
y más el árbol plantar
que nos dé su sombra y vida.

Me reafirmo yo en lo dicho.
Con el alma os deseo
la verdad y no el vil capricho,
sea el diecinueve que veo,
reafirmándome en lo dicho.

Y ahora quiero terminar
agradeciendo a mi hermano
regalo tan especial,
que es un libro peculiar.
El trovo es su titular,
cartagenero trovar,
orgullo del ser humano.

Con los calientes abrigos
me complace desear
a la familia y amigos
un año para triunfar.

¡Feliz 2019!

EL AÑO

Es un año que comienza
porque hay otro que termina
y es así que es la paciencia
la que nuestra vida anima.

Año de bienes y bienes,
año de cielos nublados,
año de buses y trenes,
año de versos hablados.

Año que viene empujando
para llegar al siguiente.
Nos parece que va andando,
pero corre a más de veinte.

Cuando este año termine
el otro estará empezando
y por lento que él camine
al otro estará dejando.

EL AQUARIUS

Hoy yo me siento aturdido
con el tema del Aquarius,
de los pobres que han huido
y que todo lo han perdido
a manos de los corsarios.

Nadie los quiere acoger.
¿Es razonable dejarlos
que vayan a perecer?
Alguien habrá de ayudarlos
a sus vidas rehacer.

Triste paradoja es
que los que antaño emigraron
hoy propinen un revés
a los pobres que escaparon,
que no es nada veredés.

Oigo muchas opiniones,
algunas muy pintorescas.
Y otras son, pues, las razones
que se apoyan en protestas
e insolidarias acciones.

Lo que ahora está ocurriendo
es la razón de la fuerza,
la que al mundo está moviendo,
imponiendo con firmeza,
pues la fuerza está venciendo
al amor y a la pureza.

EL ÁRBOL TALADO

Talar un árbol es inhumano
aunque sea para usar su valiosa madera
porque así, de esta manera,
nos privamos de un hermano
que nos brinda su solera.

El árbol creando el bosque
vital función realiza.
El árbol es como un poste
que ya nos escandaliza
que alguien venga y lo corte.

Amo al árbol como al bosque,
amo a la naturaleza
y me produce tristeza
el que un árbol se corte.

Iberia cubierta estuvo
de árboles y maleza,
pero alguien que no tuvo
ninguna delicadeza
fue cruel y vil verdugo.

EL ÁRBOL

Un árbol yo vi cortar
por un alguien sin conciencia.
A un árbol lo hay que cuidar
porque nos pide clemencia.

Todo el que un bosque arruina
tiene una conciencia laxa.
Ya sea eucalipto o encina,
son guardianes de la casa.

Hacen falta veintidós
para el oxígeno dar.
Un árbol con su verdor
nos permite respirar.

El árbol que alguien destruye
con instinto criminal
con su mala acción influye
en la armonía terrenal.

Al árbol amar debemos,
nos da sombra y da cobijo.
Con sus hojas protegemos
la vida de nuestro hijo.

Él su copa al cielo eleva,
parece querer volar,
pero en la tierra se queda
para la vida salvar.

Árboles de mil especies
los podemos encontrar.
Es necesario que aprecies
lo que un árbol puede dar.

Si ves un hueco en el monte
donde uno poder plantar,
fíjate en el horizonte
y más árboles verás.

En la selva de Borneo,
hogar del orangután,
cuando yo árboles no veo
los desastres cerca están.

Esos bellos animales,
parientes de nuestra especie,
han de soportar los males
de gente que los desprecie.

Pregono a los cuatro vientos
que al árbol necesitamos,
pues yo escucho sus lamentos
si la vida le quitamos.

Creo que es el mejor acierto
el de un árbol encontrar
en el centro del desierto,
pues él nos va a cobijar.

Él no nos da solo sombra,
de su bondad nos valemos,
sus hojas hacen alfombra
y sus frutos nos comemos.

El árbol mi amigo es.
Ese árbol que me alegra
tiene enterrados sus pies
dentro de la misma tierra.

El árbol alberga el nido
del pájaro cantarín,
pero del árbol caído
solo se obtiene serrín.

Hay árboles especiales,
ellos el agua producen,
pues son como manantiales
que a los sedientos seducen.

Sufro si un árbol se muere,
siento que pierdo un hermano.
Soy como aquel que prefiere
pensar que él es un humano.

EL ARROZ COMO ALIMENTO

El arroz como alimento,
comida muy esencial,
la cual sirve de sustento
y se come en todo tiempo
en Perú y en La Marchal*.

Es la universal paella,
típico plato de España.
La casada y la doncella
lo cocinan con gran maña.

Arroz a banda y caldero,
arroz negro y de marisco
se prepara con esmero
con leña de malvavisco.

No podemos olvidar
la paella valenciana,
pues se trata de un manjar
que se suele degustar
de noche, tarde y mañana.

____

* La Marchal es el nombre de la Albufera en valenciano.

Hablar de arroz y conejo
y también de arroz con pollo
son dos formas que aconsejo
incluir en el meollo.

El arroz con leche

No es un potaje de alubias
ni es bonito en escabeche;
hoy me tocó cocinar
un plato de arroz con leche.

En mi tierra es tradición
hacer el arroz con leche
cuando llega la ocasión,
habiendo bastante leche.

La próxima vez que lo haga
un táper he de guardar
para llevarlo a la clase
y a nuestra Aurora obsequiar.

EL ARROZ DE LANGOSTINOS

Los hay que comen jamón,
otros prefieren pepinos
y a mí me agrada un montón
el arroz de langostinos.

Yo lo suelo preparar
como principal manduca.
Yo lo aprendí a cocinar
al estilo de Sanlúcar.

Seguro que te gustaba
si lo pudieras probar.
Qué pena que no alcanzaba
para todos degustar.

Créeme si manifiesto
que este está que quita el hipo.
Sin sacar los pies del tiesto
digo que place a un obispo.

EL AZORANTE

Como tú sabes, tomate,
tiene mucho recorrido
y no es ningún disparate
esto que te digo, amigo,
si me aceptas el dislate.

Como diría la Centella,
persona de gran valía,
por ser ella la más bella
el Olimpo alcanzaría.

Tiene un esposo importante,
que habla en americano
y de amor sabe bastante.
En los amores tronante,
estrechaba a Ruz la mano.

Cuando terminó la guerra
su error no reconoció
y tan campante salió
sin gastarse ni una perra.

El beber

Tienes razón, compañero,
pero bogando en la tierra,
debido a esta vida perra,
nunca se llega el primero.

Esto es coser y cantar
aunque cuando cantes llueva.
Todo el que canta no lleva
la alegría en su cantar,
sino en el agua que beba.

Todos queremos beber
aunque de vino peleón se trate,
mas yo te aseguro, cuate,
que prefiero el té moruno
o un buen argentino mate.

Con esto acabo la juerga,
no es mi intención el dislate,
y aunque sea un disparate
con esto pongo el remate
a tan enjundiosa jerga.

EL CACHOPO

Mi amigo Miguel Fernández me llama «no canadiense»
y yo le contesto con el siguiente trovo:

Ni canariense tampoco,
solo sé lo que no soy
y cuando llego me voy
a tomar un buen cachopo.

Yo no sé si lo conoces
el gran cachopo asturiano.
Es de las vacas precoces
un manjar muy campechano.

Cuando visites Asturias
tú lo debes degustar.
No te pares en penurias,
procúralo manducar.

El cachopo no es comida
que pueda saciar a un oso,
mas se puede comparar
a patatas con tiñoso. (1)

Cuando pienso en un cachopo
se me entrecorta la voz,
la boca se me hace agua
como al perro de Pávlov.

Aunque soy más de pescado,
que viene del mar ignoto,
pues yo nunca lo rechazo
el placer de un buen cachopo.

Cachopo es plato fundamental
desde el siglo dieciocho
y, según Gaspar Casal,
lo componen vaca y gocho.

EL CALDERO I

Siempre no va a ser paella,
hoy tocó la fideuá.
Buena pinta tiene ella
y tal vez mejor sabrá.

Hoy la cocina es un arte
que se extiende más y más.
Se practica en cualquier parte,
en la tierra y en la mar.

Nadie nace siendo experto,
mas casi todo se aprende.
La cocina es libro abierto
que todo el mundo comprende.

Los grandes platos provienen
del cocinar popular
y a la fama ellos devienen
regalando el paladar.

Tengo un ejemplo sincero
de un plato muy especial,
de sabor excepcional,
y este plato es el caldero.

Es plato de subsistencia,
proviene del Mar Menor.
Él no encierra mucha ciencia,
mas sorprende su sabor.

Es plato de pescadores
cocinado en un caldero,
estando entre los mejores
del cocinar marinero.

Son el arroz y el pescado
principales ingredientes,
ajo y perejil picado
y apreciado por las gentes.

Si este plato no conoces
apresúrate a probarlo.
Él produce grandes goces,
no dejes de degustarlo.

Pues yo a veces lo cocino
solo si encuentro morralla,
que es un pescado mezquino
y es muy difícil hallarla.

EL CALDERO II

Hoy decidí cocinar
ese plato marinero
al que le suelen llamar
en Mar Menor el caldero.

De mi hermano lo aprendí,
no sé quién se lo enseñó.
El caldero es, eso sí,
algo que me cautivó.

Típico del Mar Menor,
del que cerca yo nací,
este plato es un primor
que no es nada baladí.

Cada vez lo perfecciono,
es lo que opina mi gente,
más yo siempre me lo como
con un apetito ingente.

El calor mesetario

El calor es extremado,
es La Mancha y es verano,
pues es este sol malvado
el que nos quema de plano.

Yo lo resisto muy bien,
pues me encuentro refugiado
muy dentro de la piscina
o con la gracia divina
del aire acondicionado.

Aunque parezca lejano,
el verano se termina
y el invierno nos anima
tan pronto acabe el verano.

No te puedo asegurar
si resistiré el envite,
pero lo voy a intentar
bajo este sol que derrite.

EL CAMINO

¿Qué te *viá* decir, amigo,
que a estas alturas no sepas?
De las cepas sale el vino
y del campo, las lentejas
y así se anda el camino.

Caminar es avanzar
en el curso de la vida.
No dejes de caminar
o perderás la partida.

La partida se refiere
tener claro el horizonte,
elegir lo que prefiere
el buen pastor que algo quiere,
pues la cabra tira al monte.

El monte es una metáfora
que nos indica el camino
que nos lleva hasta el destino,
a la verde luz semáfora.

El Caraburra

Pues yo no sé si es él burro;
él, que al león enamora,
pero sí está claro ahora
que el león al burro adora.

Hay un tipo pintoresco
al que llaman Caraburra.
Es un tarugo grotesco,
el pibe es pura basura.

Si lo observas con cuidado
verás que es bastante tosco;
no es un tipo cultivado,
tiene un encare muy hosco.

Si el burro lo conociera
tal vez le administraría
la medicina severa,
la cual muy feliz lo haría.

Este gran cantamañanas
vive como un viejo cura.
Con su enorme caradura
nos vacía las cananas.

EL CENSURADOR

Hay un tipo en el Gobierno
que si lo intentas lo engañas.
Valiéndose de artimañas
va a superar el invierno.

La oposición, por supuesto,
tiene una rabia que muerde.
Quieren ocupar su puesto,
pues piensan que él está verde.

Le dieron todos su apoyo
en la moción de censura.
Ahora dicen: «Caradura,
te enviaremos al hoyo
con auténtica premura».

Tal vez lo conseguirán,
pero parece que el pollo
se apropió del gallinero.
A este tipo le va el rollo.

Pues para todos los otros
este todo lo hace mal.
Corren todos como potros
para al intruso expulsar.

Tal vez ellos lo consigan,
es un hecho muy probable,
pues les importan dos higas
que el pueblo a él lo respalde.

EL CONEJO

Leyendo tu bello trovo,
que, por cierto, es estupendo,
me siento mejor que un lobo
durmiendo un plácido sueño
por la ingesta del adobo
de un conejo marismeño.

En cada lengua es descrito
con diferente vocablo,
su comer es exquisito.
Tú sabes de qué te hablo.

Y conteniendo el resuello,
como diría un albañil,
en portugués es *coelho*
y en valenciano, *cunill.*

Ay, el conejo silvestre,
tan exquisito guisado.
Típico plato campestre
de sabor muy delicado
por su ascendencia rupestre.

El conejo marismeño
que mencioné previamente
no es ni grande ni pequeño,
mas sabe estupendamente.

Los conejos son activos,
pues no son entes amorfos.
Son ágiles y atractivos,
siendo representativos
del género lagomorfos.

Son activos en la noche,
es por su seguridad.
Esquivan al alimoche,
que los llena de ansiedad.

Hay un conejo de día,
no tiene orejas ni patas.
Despierta gran simpatía
entre las gentes sensatas.

Todos dan la bienvenida
a este conejo especial.
Generador es de vida,
no es del género animal.

Que no es un tema retórico.
Es fácil de comprender
lo que viene a acontecer,
que es conejo metafórico.

Nos da un plato tan sabroso
que incluso el lobo feroz
lo devora presuroso
cocinado con arroz.

Si tú nunca lo has probado
debes hacerlo tú ahora.
Es la clase de guisado
que cualquier *gourmet* adora.

Y con el fin de acabar
te quiero dar un consejo:
regala tu paladar
degustando un buen conejo,
pues nunca te ha de pesar.

EL CONSUMISMO

Las cosas que yo te diga
no te las tomes a pecho.
Esquiva cualquier fatiga,
ya que todo en esta vida
al final queda en barbecho.

La vida nos alecciona
acerca de aprovecharla.
Vívela con tu persona
para nunca malgastarla.

¿Por qué vienen los conflictos
y discusiones sin cuento?
Tal vez por ser tan estrictos
y no vivir el momento.

Vívela como un artista,
pues esta vida es muy corta.
Deja de ser consumista,
pues serlo nada te aporta.

No caigamos en la trampa
del horrible consumismo.
Su seguimiento te entrampa,
dejando de ser tú mismo.

Las modas que nos presionan
a gastar sin ton ni son
son las que nos extorsionan
hasta perder la razón.

Sé tú austero y no hedonista,
no es feliz quien mucho tiene.
Satisfecho se mantiene
el que poco necesita.

Sigue, amigo, mi consejo
y verás que bien te va.
Desecha cualquier complejo;
llegarás feliz a viejo
y nunca te pesará.

El Culebra

Otro que abandona el barco.
Fácil es de imaginar
las razones que le asisten
para de esta guisa obrar.

Personaje variopinto,
es sin duda un ejemplar
que afrontando tiempos duros,
fumándose sendos puros,
ahora le da al vino tinto.

Envuelto en serias polémicas
ha vivido horas muy duras.
Hombre de continuas dudas,
que corruptelas sistémicas
le han lanzado a la basura.

Tal vez no se lo merezca
acabar de esta manera
y, aunque ya no le apetezca,
perseverar él debiera
en esta lucha simiesca.

La corrupción lo cubrió
de inmundicias hasta arriba
y tal vez lo que ocurrió

es que su inacción lo dejó
como barco a la deriva.

No es posible que la historia
lo considere divino,
mas quedará en la memoria
como un ente cervantino
que alcanzó dudosa gloria
en este mundo ladino.

Dice siempre la «verdad»,
siempre la que le conviene,
lejos de la realidad.
Y en el tiempo que ahora viene
la gran oportunidad
es la que a España conviene.

El desamor

El que cree que el desamor
es cosa que no le afecta
se encuentra en el gran error
y torpeza manifiesta.

El ser humano milita
en ejército divino
y del amor necesita
para encontrar su camino.

Se dice que el desamor
es lógica consecuencia
del más que ancestral temor
a la voz de la conciencia.

El desamor es tormento
que al corazón noble daña,
es un triste sentimiento
envuelto en burda patraña.

Si el desamor nos embarga
y es por ingrata razón,
conlleva malvada carga,
produciendo desazón.

Ay, desamor traicionero
que nos viene a visitar.
Es el enemigo fiero
que nos suele equivocar.

Cuida que no te confunda.
El desamor es un hado
que, camuflado en su funda,
es sentimiento malvado.

El que quiera ser feliz
que el desamor siempre evite,
que no cometa el desliz
que la lucidez le quite.

Amor con amor se paga,
pero el desamor destruye,
hiriéndote como daga
con fiera maldad que fluye.

Más que cierta es una cosa
en lances del desamor:
él es como mariposa
con su efímero esplendor.

Cuando te digan: «No importa
el desamor» es mentira,
pues el desamor comporta
mucho odio y mucha ira.

Los poetas lo han cantado
y a veces hasta lo ensalzan.
Solo place al alienado
y a los que los dardos lanzan.

Son dardos envenenados
que penetran la conciencia
los que lanzan los malvados,
carentes de inteligencia.

No te creas las patrañas
de viles embaucadores.
Comprende que tú te engañas
con sus falsos resplandores.

El desamor entristece,
dislocando a las neuronas.
Su iniquidad nos parece
producto de las hormonas.

¿Quién inventó el desamor?
Quizá fue el que amor tenía
cuando le invadió el temor
de perder lo que quería.

Es un tema interesante
este asunto tan humano.
Tanto afecta al caminante
como al hijo o al hermano.

Quien no conozca esta lacra
que el desamor representa
será una persona sacra
que del amor se alimenta.

Muchas cosas yo diría
tocantes al desamor,
pero nunca acabaría
y este es mi eterno temor.

Así que adiós, me despido
hasta mejor ocasión
que el desamor se haya ido
del brazo de la pasión.

EL DISPARATE

Ante tamaño dislate
de la ocurrencia actual,
me toca otra vez hablar
del vocablo disparate.

Permitidme que aquilate,
disparate es con razón
lo mismito que dislate;
por tanto, un oxímoron.

El campo del disparate
es extenso y atemporal.
Es un tremendo dislate
el intentarlo explicar.

Desde mi saber modesto
voy a mirarlo por fuera,
pues intentarlo por dentro
es una pura quimera.

Un disparate es creer
lo de que *to er mundo e güeno*.
Lo que suele acontecer
es que deviene en obsceno.

Y qué decir del incauto
que en los milagros confía.
Es un iluso pazguato
con una gran miopía.

La madre piensa que el hijo
él nunca se drogaría
hasta que con gran alijo
lo coge la policía.

Disparate es la creencia
que vas a ser rico un día.
Perfecta es la incongruencia
si no compras lotería.

No me digas que no sabes
que es tremendo disparate
que al náufrago menoscabes
no acudiendo a su rescate.

También es disparatado
decir a tu culpa adiós
y después de haber robado
te va a salvar algún dios.

Qué disparate cometes
si confías solo en la suerte.
Nunca la malinterpretes,
solo es segura la muerte.

Es la suerte tan esquiva
que no se deja atrapar.
Es cual caprichosa diva
que acompaña al trabajar.

¿Habrá mayor disparate
que sin comprarte un vestido
pienses que ya estás servido
mirando un escaparate?

Disparate, disparate,
no me canso de decirlo.
No dejes que te remate,
el remedio es eludirlo.

Disparate es la creencia,
que no es más que una ilusión.
Queda limpia la conciencia
con solo la dimisión.

Un disparate común
es montar en bicicleta
sin tener visión completa,
manejándola al tuntún.

Qué disparate tan claro
el querer cambiar de coche
comprándonos el más caro
sin pensar en el derroche.

Un disparate es vivir
cuando gastas más que ingresas.
No es posible resistir,
siempre el umbral atraviesas.

Mayúsculo disparate
es el no tomar conciencia
y que la gente no acate
postulados de la ciencia.

Gran disparate es votar
a políticos corruptos
y aún más grave es apoyar
a quien vive de los hurtos.

Se quedan nuestro dinero,
ellos juegan su partida,
su desparpajo es grosero,
arruinan nuestra vida.

Disparate es constreñir
la pura investigación.
A la ciencia prohibir
destruyen a la nación.

Un país se diferencia
cuanta más ciencia, mejor.
Y reconoce en conciencia
y el rumbo investigador.

¿Por qué ese empeño morboso
de poner puertas al campo?
Dejemos vivir al oso,
que pueda crecer hermoso
igual que crece el cilantro.

Disparate inconsecuente,
proceder grave y errático
el que impulsa a mucha gente
negando el cambio climático.

Otro disparate grande,
el que personas gatunas
cuya negación se expande
luchan contra las vacunas.

Cuando en disparates pienso
no sé cómo terminar,
pues el asunto es tan denso
que me llega a incomodar.

Tantos disparates hay
que existe una antología
triste, escabrosa y sombría
y esta es la del disparate.

EL *FOOTBALL*

Hay quien dice que es deporte,
afirmación que no acepto,
pues yo creo que es un negocio
y no hay que ser un experto
para saber que no es ocio.

Se mueve mucho dinero.
Yo considero un escándalo
que cualquier alpargatero
puede acceder al caldero
donde cabe cualquier vándalo.

Muchos de los futbolistas,
las estrellas especiales,
nos ofrecen muchas pistas
de qué hacer con los caudales
para no estar en las listas
defraudadoras fiscales.

En todo hay excepciones
y en este mundo también,
pero en todas las naciones
se producen situaciones
y los hay que actúan bien.

Y si esto es un deporte
que venga Dios y lo vea,
donde es el único norte
la solución macabea
de saltar como un resorte.

Es el fútbol *perdetiempo*,
pues lo diga quien lo diga
se merece un escarmiento.
Y para hablar de la liga
tú no pierdas ni un momento.

EL GORRIÓN

El gorrión es un ave
de tamaño reducido.
Como todo el mundo sabe,
hace en las casas su nido
en lugar muy escondido.

Es probablemente el pájaro
con más grande difusión.
Podemos llamarle aerófaro
sin ninguna discusión.

Vive en pueblos y ciudades
solo si están habitados.
Son pequeñitas deidades,
son querubines alados.

En pueblos deshabitados
imposible es de encontrar.
Siempre al hombre están ligados
para poder prosperar.

Al humano él acompaña,
se cree es anterior al perro,
y a vivir siempre se apaña
como cabra con cencerro.

Máximo vive tres años
si se encuentra en libertad,
llegando a catorce años
cuando está en cautividad.

Según la ciencia nos dice,
es pajarito abundante.
Mucha gente lo bendice
por ser fiel acompañante.

Ahora está disminuyendo
su vida entre las personas.
Su hábitat está sufriendo
por culpa de las palomas.

Estas viven en bandadas,
ensuciando monumentos,
y se expanden por momentos.
Son como ratas aladas.

Se zampan los desperdicios
que comían los gorriones,
causando grandes perjuicios.
Nadie pone soluciones
a sus grandes estropicios.

Volvamos al gorrión,
que es objeto de este trovo.
Él no es un gran comilón
y es por eso que lo adoro.

Es un pájaro curioso
por desplazarse a saltitos.
Tiene un andar muy gracioso
y colores muy bonitos.

Fácilmente distinguible
su género sexual.
En el macho son visibles
los colores del bozal.

Es sencillo de cuidar,
es pacífico y molón,
su genio es particular,
menos fiero que el león.

Tengo en casa un gorrión
que del suelo recogí
cuando cayó de un tirón
y criarlo decidí.

Ni plumas ni ojos tenía,
pues era recién nacido.
Una bola parecía
cuando se cayó del nido.

Lo acompañaba su hermano,
que del golpe pereció.
Sin duda, el mío estaba sano.
Por eso sobrevivió.

Le daba pan remojado,
una pinza utilizaba.
Agua con un cuentagotas
para beber yo le daba.

Ahora ya tiene seis años,
se encuentra en perfecto estado.
No le gustan los extraños,
le producen desagrado.

Vive en su jaula, su casa.
Cuando la puerta le abro
por la cocina él se pasa
desde la jaula a mi hombro.

Él a mí me vio el primero
cuando sus ojos abrió,
así es que yo considero
como madre me aceptó.

Cuando acaba de volar
y de comer la miguita
que de pan le suelo dar,
se vuelve a su jaula a estar
y a dormir en su casita.

Y esta es una casita
que le hice de cartón
y para dormir la habita
mi querido gorrión.

Además del pan mojado,
también le pongo lechuga.
El alpiste es de su agrado,
para comerlo él madruga.

Solo pesa algunos gramos,
come como un pajarito.
A su aire lo dejamos,
es en extremo chiquito.

Para que sea conocido
acompaño aquesta foto.
En mi hombro está subido
y su peso yo no noto.

Al oír música canta
con trinos acompasados.
Quien canta su mal espanta
con bellos trinos cantados.

Quien quiera domesticar
a un animal que es salvaje
ha siempre de comenzar
antes que tenga coraje
y añore la libertad.

El grafiti

El grafiti, dicen muchos,
es pura obra de arte.
Argumentos debiluchos
como frágiles faluchos.
No van a ninguna parte.

Hoy, entrando en mi ciudad,
circulo por la eme treinta
y una grande suciedad
la veo y me desalienta.

¿A qué se debe esta moda
de manchar nuestras paredes
y ensuciar la ciudad toda,
su mobiliario y enseres?

¿Son enfermos los «pintores»
o son simples delincuentes?
Huyen de los resplandores,
pues no son nada valientes.

Se enfrentan al vigilante
solo cuando en grupo van,
con gesto desafiante,
pues siempre tienen un plan.

¿Qué hacer con estos gañanes
para frenarlos en seco
parando los sus desmanes?
¿Mandarlos a Alcalá Meco?

Esta solución no es buena,
cada preso cuesta caro.
Mejor que estar en la trena,
nutrir la cola del paro.

Aquí tienes mi propuesta:
aumentar la vigilancia
e, igual que hacen en Francia,
que limpien es la respuesta.

Que limpien lo que han manchado
o lo que otros hicieron,
pagando así su pecado
una vez que los cogieron.

Yo no creo que sea un problema
de los tipos en cuestión.
Solo se trata de un tema
de pésima educación.

El asunto es peliagudo,
pues los padres necesitan
educación, no lo dudo,
que a sus hijos les transmitan.

Es seguro que en sus casas
no les está permitido
andarse con tales guasas
ni de día ni anochecido.

¿Por qué los que nos gobiernan
no toman el tema en serio
y así entre todos acuerdan
resolver este misterio?

Estoy seguro, señores,
que resultado dará,
siendo los daños menores.
La gente agradecerá.

Grafiteros, sin embargo,
los hay que pintan murales,
haciéndolo por encargo
con preciosos materiales.

El resultado es hermoso
y siempre la vista alegra
y es un modo tan airoso
como el trepar de la yedra.

Tengo clara la evidencia
que una cosa sí es segura,
que es del negocio la esencia
del que hace la pintura.

Normalmente es el espray
el que usan los «pintores».
Qué coincidencia, caray.
Es pintura, no son flores.

Y si hablamos de limpieza
esto ya es otro cantar,
pues nadie a limpiar empieza,
cuento de nunca acabar.

Lo ciudad en la que yo vivo
tiene mucho que limpiar,
mas el asunto es cautivo.
Nadie parece afrontar.

Cacas de perro en aceras,
hojas, colillas, papeles;
así de todas maneras
parece tierra de infieles.

Cuando pasa el barrendero
conduciendo su carrito,
raudo va como un remero
y no barre ni un poquito.

¿Es que nadie lo vigila?
¿Entonces por qué pagamos?
Se escurre como una anguila.
¿Por qué tal cosa aceptamos?

Ya lo sé que somos todos
los responsables directos
de utilizar malos modos,
tirando al suelo los restos.

Solo tenemos el voto
en la próxima elección.
Yo de otros seré devoto,
pero sin gran convicción.

Es triste lo que nos pasa.
Pagamos nuestros impuestos,
pero tiene mucha guasa
que yo me lleve los tiestos,
los tiestos rotos a casa.

No tengo mucha esperanza
de que este trovo sea útil
para parar la matanza.
No vislumbro en lontananza
ni la solución más *sútil*.

Y ahora a mí solo me resta
desear que en Navidad
celebremos esta fiesta
en familiar hermandad
echando una buena siesta.

EL INSTANTE

El tiempo fluye constante,
imposible es de frenar,
mucho menos detenerlo.
Nadie lo pudo lograr.

Achacan a los milagros
la mágica facultad
de haber detenido el tiempo.
Imposible es demostrar.

El tiempo es solo un concepto
intangible, sin figura,
y bajo ningún aspecto
el tiempo tiene estructura.

Pues con el tiempo sucede
que va en una dirección.
Él, pues, nunca retrocede
ni una mínima fracción.

Fue causa de gran porfía
hallar su composición,
siendo la filosofía
quien buscó confirmación
sin hallarla todavía.

Siempre se trató de asirlo,
cosa que no fue factible
a pesar de perseguirlo,
pues resulta impredecible.

Para Aristóteles tiempo
es no más que la medida
de una cosa acaecida
y otra cosa definida
que acontece en el momento.

Para el gran San Agustín
paradoja, eso es el tiempo.
Tiene principio y no fin.
Dios lo creó en su momento.

Si el tiempo se detuviera,
entonces tiempo no habría.
El tiempo es un discurrir,
parado no existiría.

Y esto fue ya en el medievo
cuando Duns Escoto dijo
que es el tiempo movimiento
y es el alma su cobijo.

En la época moderna
permanecen los problemas
y la duda sempiterna
es la que informa estos temas.

Para Newton es el tiempo,
y para Leibniz también,
algo abstracto que no cambia
ni en un solo santiamén.

Para Kant el tiempo es
una forma de intuición
y lo que el tiempo no es
es algo con dimensión.

El tiempo no es subjetivo,
tampoco es convencional,
y es por eso que yo digo
no es una cosa real.

Es un asunto complejo
definir este concepto.
Puede dejarte perplejo,
asombrado y circunspecto.

Hay quien nos dice que el tiempo
se define fácilmente
como un simple pasatiempo
donde ejercitar la mente.

Muy simple a mí me parece
llegar a tal conclusión,
pues el tiempo se merece
seguir la investigación.

Una cosa tengo clara
y es que el tiempo es una incógnita
y tal vez yo me aclarara
si fuera menos recóndita.

Si el pasado ya no existe
y el futuro es intuición
y el presente es quien subsiste,
¿tiene el tiempo dimensión?

Solo encuentro una respuesta
con consistencia bastante
y así mantengo mi apuesta:
apuesto por el instante.

Es el instante un concepto,
no tiene forma ni masa
y bajo ningún aspecto
la lógica sobrepasa.

Para mí Kant es certero.
Dice: el tiempo no es real.
Es un asunto intuitivo,
pero no convencional.

Se me olvidaba decir
que el segundo es la medida
que para el tiempo medir
por el hombre convenida.

Y ahora pido mil perdones
por robarte estos momentos
con mis humildes intentos
que solo son reflexiones.

El insulto

El insulto es el recurso
del que recursos no tiene.
Ser ruin y ser obtuso
es el que así se entretiene.

Insultar es demostrar
que no se tiene conciencia
ni se sabe argumentar,
pues se carece de ciencia.

El que insulta no convence
ni lo quiere pretender.
Solo es feliz cuando vence,
insultar es su placer.

Si en el alma está el amor,
creo que alma del que insulta
tiene muy negro color
por llevar la maldad oculta.

EL MÁSTER

Yo no tengo ningún máster,
aunque tres títulos tengo,
todos ganados a pulso.
Por eso a este foro vengo.

Y os puedo asegurar
que todos los he obtenido
sin una rifa ganar
y sin tener un amigo
que me pudiera ayudar.

Aunque pueda parecer
que todo título es fácil,
los míos no debí comprar,
pues fue de forma muy grácil
como los pude obtener.

Unos tanto, otros tan poco,
unos listos y otros tontos
y algunos, aunque son pocos,
son los que cogen los cocos.

EL MINERO

Felicidad deseamos
en el año que termina.
Es por eso que aquí estamos,
en el campo o en la mina.

Soy minero por derecho,
te lo digo con orgullo.
No te lo tomes a pecho
si te meto en un barullo.

He trabajado en la mina
como mi abuelo y mi padre.
Mi relato no termina
hasta que el perro me ladre.

Feliz Pascua te deseo,
la Pascua de Navidad,
y el nuevo año ya veo,
lleno de bien y bondad.

EL MONSTRUO DORMIDO

Al monstruo no lo despiertes,
muy bien se encuentra dormido,
pues si te enseña los dientes
tal vez tú serás mordido.

Su mordisco es un veneno,
un veneno de serpiente.
Te lo dice el sarraceno
y el sarraceno no miente.

Mejor dejarlo en su sitio,
se lo ganó con sudores.
No le des a beber litio,
dale cariño y amores.

Se merece el homenaje
de sus fieles partidarios.
Evitarán el ultraje
con sus actos solidarios.

EL OKUPA

Consiguieron que se fuera.
Lo echamos, dicen algunos,
mas la verdad verdadera
son los amigos perrunos.

El okupa es un traidor,
ha vendido las Españas
y aquí se escucha el clamor
de los que urden patrañas.

Quítate, que yo me ponga,
pues añoro la ventaja.
Necesario es que disponga
de la llave de la caja.

La experiencia es bien reciente,
bandidaje a manos llenas.
Es el mejor ingrediente
para vaciar las colmenas.

Estamos en un país
donde nadie está conforme.
Siempre estamos en un tris
de odiar al que corresponde.

Y veremos lo que pasa,
depende de quien gobierne.
Si la razón sobrepasa
del pueblo se desentiende.

Gobierno de los amigos
es lo que algunos persiguen.
Les motivan los mendigos
que una caridad les piden.

El progreso es su enemigo,
no quieren que cambie nada
y eliminan al testigo,
al que no es de su camada.

Reivindican la justicia
propicia a sus intereses.
Su delirio es la malicia,
se erigen en parte y jueces.

Si los oyes cuando hablan
debes echarte a temblar.
El diálogo que entablan
a muchos hará llorar.

Son perversos y perversas,
dice la moda imperante.
La lógica tergiversan
si tú votas al mangante.

A la cárcel nunca van,
si acaso por unos días,
y nada devolverán
como tú desearías.

Piensa tú bien a quién votas
en los vinientes comicios.
Quieren ponerse las botas
como auténticos patricios.

EL OTRO LADO

El número dos de Hacienda
también ha sido imputado.
Estos no tienen enmienda.
Y si esto pasa en Hacienda,
¿qué ocurrirá en otro lado?

Lo que pasa en otro lado
por desgracia estamos viendo.
Los ha mordido un mal hado;
por eso salen corriendo
o miran para otro lado.

Valencia es un mal ejemplo,
la corrupción la devora.
Yo creo que va siendo hora
que, actuando sin demora,
alguien con honra y talento
pare esta locomotora.

Mi hijo, que es valenciano
porque en Valencia nació,
es trabajador y honrado
y por algo insospechado
la corrupción evitó.

Corrupción es la palabra
que la moda nos ha impuesto
y actuando de bisagra
nos está llevando al huerto
y la ruina nos labra.

EL PÁJARO CAUTIVO

¿Y qué será lo que piensa
el pajarito enjaulado?
Si llena está su despensa
es un ser afortunado.

Si en su jaula vio la luz,
esa fue su luz primera.
Sea tropical o andaluz,
es animal sin frontera.

Cuando lo veo confinado
en la jaula todo el tiempo
me siento malhumorado
y presa de desaliento.

Cada cual hemos nacido
para vivir libremente
y un pájaro constreñido
es un esclavo viviente.

EL PENSAMIENTO

Cuando pienso en lo que pienso
es que estoy pensando doble,
es un metapensamiento,
y si el pensamiento es denso
es un pensamiento noble.

Mi mente siempre trabaja,
ella nunca se relaja,
su vigilia no rebaja
aunque se encuentre durmiendo.

Es el acto de pensar
aquello que nos distingue
y lo importante es casar
lo pensado y el pensar,
pues lo humano no se extingue.

El pensar nos hace libres,
el qué debe interesar
y el qué se debe impulsar.
Utilizando este mimbre
nos podemos gobernar.

EL PEZ Y LA CAÑA

Amigo Pencho, preguntas
qué es lo del pez y la caña.
Son cosas distintas juntas
y, por tanto, son disjuntas
del refranero de España.

Voy a intentar explicarme
qué cosa es esta metáfora.
En ella quiero pararme,
pues solo es una catáfora.

Difícil, poco posible,
es hallar alguna cosa
que pueda ser previsible.
Y al mismo tiempo imposible
ser piedra, así como rosa.

Como en todo lo terreno,
existen las excepciones.
Puedes ser trovero y bueno
y el peor de los hampones.

Aplicándola a mi caso,
lo que la máxima indica
que puedo salir del paso
con mi trovo de botica.

Trovero no puedo ser,
el trovero repentiza.
Solo me puedo valer
eludiendo la paliza
y sin nadie a quien vencer.

Estos trovos que yo escribo
no son producto de instante.
He de acudir al «archivo»
de mi masa gris pensante.

Después de yo comenzar
dispongo de mucho tiempo,
pues lo puedo utilizar
como un simple pasatiempo.

Ahora viene a mi memoria
quizá el más grande trovero
por su larga trayectoria
y prodigiosa oratoria.
Sin duda, él fue el primero.

Marín era su apellido;
José María, su nombre.
Era un minero aguerrido,
buen trovero y un gran hombre.

En las minas de La Unión
desarrolló su grandeza.
Su trovar fue su pasión,
mostrando una gran destreza.

Su origen es Cartagena,
pues en La Palma nació.
Como trovero resuena,
todo el mundo lo admiró.

También yo en La Unión viví
y minero fui en sus minas,
aunque trovero no fui,
ya que siempre yo entendí
que mis trovos son pamplinas
comparados con Marín.

Si me comparo con él
del mapa desaparezco,
no soy más que un beduino
que predica en el desierto.

Te agradezco, Pencho, amigo,
la opinión que de mí tienes.
Con sinceridad te digo
que me alegra este motivo,
que tú veas mi trovo vivo
y en leerlo te entretienes.

Espero que con mi plática
haya podido aclarar
lo humilde de mi trovar,
que es todo menos dogmática.

EL PLANETA

Este es un trovo de encargo,
me lo ha pedido un amigo.
No pienso pasarle cargo,
el dinero no persigo.

Y dice así…

Al planeta en que vivimos
el consumo lo devora
y creo que va siendo hora
de enderezar el camino.

Las máquinas nos gobiernan,
esto es una sinrazón
para que el tema no entiendan
ni Marsilio ni Platón.

¿Por qué ya no se repara
aquello que se avería?
El fabricante se ampara
en que si de fabricar se para
fracasa la economía.

No es que quiera volver
al tiempo de las cavernas,
pero debemos hacer
que haya un nuevo amanecer
que nos dé vidas eternas.

Es el dinero el que manda
en este mundo cruel
y es esta maldita panda
la que maneja el cordel
de la oferta y la demanda.

Ahora dicen que es en Marte
donde podemos vivir.
Yo no voy a ninguna parte,
pues plantaré mi estandarte
junto al río Guadalquivir.

Querido amigo extremeño,
nosotros lo nuestro hicimos.
Centremos, pues, nuestro empeño,
que no es anhelo pequeño
ser uno de los divinos.

EL QUE YERRA

El político que yerra
él su error no siempre paga.
El médico que lo hace
es la tierra quien lo tapa.

Político que gobierna
a veces va y nos fastidia.
Mete la mano o la pierna
y arruina nuestra vida.

Yo siempre preferiré
al médico que nos cura
y nunca defenderé
al pérfido caradura.

Si todos fueran honrados,
tanto como un ermitaño,
seríamos salvaguardados
todo el día y todo el año.

La honradez es relativa,
cada cual la que conviene,
y cada uno la mantiene
según convenga a su vida.

Yo no puedo discernir
si será mejor persona
todo aquel que en su vivir
a su prójimo perdona.

Pero como colofón
he de decir que prefiero
a un médico farfullero
que a un político mangón.

EL REY Y EL GALLO

Patán, ¿por qué no te callas?,
dijo el monarca al vasallo.
El contrario le echó agallas,
cantándole la del gallo.

El gallo estaba vencido,
pocas plumas le quedaban.
Muy pronto dejó su nido,
sus plumas lo abandonaban.

Lo que este gallo inventó
él lo llamó democracia
y a su pueblo reventó,
sumiéndolo en la desgracia.

Ahora el hambre los acosa
a pesar de sus riquezas.
El Gobierno es una losa
encima de sus cabezas.

EL *SENEX*

Hoy yo me he vuelto a cruzar
con la viejita de siempre.
Vacilante al caminar,
sola avanza entre la gente.

Si mañana no la encuentro
algo le habrá sucedido.
De su casa ella está dentro
o para siempre se ha ido.

El *senex* es un vocablo
de puro origen latino.
Parece que es del diablo
o es hijo del desatino.

Al *senex* mejor dejarlo,
necesita libertad.
Lo moderno es olvidarlo
en su tremenda orfandad.

Cuando al *senex* abandonan
que se miren al espejo,
pues los años no perdonan:
lo nuevo se torna viejo.

Si el *senex* se queda solo
se acuerda de su pasado
y le circunda el gran dolo
de haber sido abandonado.

Antaño el *senex* solía
atesorar la sapiencia,
pero a la sabiduría
ya no informa la experiencia.

Paradojas de la vida,
el *senex* ya es prescindible.
Él ya perdió la partida,
sufre y pena lo indecible.

Hoy piensa la juventud
que la senectud es ajena,
pues llegará la quietud
inundándola de pena.

Al *senex* se le margina
desde el sentir más infame.
Del *senex* se dice, encima,
que el buey solo bien se lame.

Cuando ya pierde la fuerza
y su mente se entorpece,
con la soledad él se almuerza
y ese trato no merece.

Momentos de lucidez
recordando su pasado.
El *senex* quiere volver
y quedar en él anclado.

Se ha quedado sin su entorno,
del *senex* todos se apartan,
pues su vida es como el horno
donde los panes ya faltan.

Cuando dicen senectud
están hablando al revés,
pues hablan de la quietud,
la que comporta vejez.

El *senex* no es más que anciano
y el anciano necesita
cariño y calor humano
y no soledad infinita.

Es triste, muy triste, ver
lo que sufren los ancianos,
que no pueden comprender
por qué así los despreciamos.

Un anciano es casi un niño,
necesita de atenciones.
El tratarlo con cariño
es el mejor de los dones.

Cuando vemos a un anciano
o anciana, más o menos es lo mismo,
debemos darle la mano
para cruzar el abismo.

Hoy nos podemos valer,
a nadie necesitamos,
mas mañana está por ver
cómo de solos estamos.

El silencio del anciano
pobre, solo y desvalido
es un grito meridiano
del que un día todo lo ha sido.

Cruel es la vida actual,
donde nadie tiene tiempo
para al anciano cuidar
hasta que pierda el aliento.

Cuando el anciano fue joven
entregó su amor y vida
y no es justo que le roben
la bondad correspondida.

Más de aquí ya no me extiendo,
aunque no quiero acabar
con el bulto yo escurriendo,
sin mi granito aportar.

El Sevicias

Billy el Niño fue un famoso
del Oeste americano.
Aquí tenemos *o noso*
aún vivito y coleando.

Cuatro medallas él tiene
que incrementan su pensión
y a su economía conviene
tan flagrante bendición.

¿Cómo es posible tal cosa
que da premio a la tortura?
¿Cómo tanto caradura
vive sin pagar factura
de situación tan dolosa?

Caradura no es correcto,
hay que decir marsupial.
Personaje tan abyecto
que bajo ningún aspecto
sea persona principal
que vive del presupuesto,
del presupuesto estatal.

EL SILENCIO

Entre todo lo que existe
hay algo fundamental
que para siempre persiste.
Como toro noble embiste
a todo lo natural
y en la eternidad persiste.

Preguntan cuál es la cosa
a la cual nos referimos
y es verdad si les decimos
que es invisible y hermosa.

¿Qué será, pues, este ente
que entre todos diferencio?
Del ruido es divergente;
se trata, pues, del silencio.

El silencio es tan antiguo,
es incluso más que el mundo.
Es muy sutil, es exiguo,
pero presente y fecundo.

El silencio es bienvenido,
pues nos permite pensar.
Tan tenue como el vahído,
él nunca se va a acabar.

Silencio que me acompaña
cuando solo yo me siento
tanto en la verde montaña
como bajo el sol de invierno.

Hay un silencio culpable,
aquel que oculta el pecado
y ante un hecho detestable
guarda un silencio malvado.

El silencio no se ve,
el silencio no se toca,
pero siempre yo pensé
que es denso como la roca.

Dadle silencio al humano
para hacer la travesía
que le descubra el arcano
de la dulce malvasía.

Hay los silencios que hablan,
los que usan los amantes.
La conversación que entablan
es de silencios hablantes.

Está el silencio estelar
cuando de cero empezamos
y al milagro lo achacamos.
Silencio espectacular.

Y después vino el *Big Bang*,
que al silencio despertó,
su soledad cercenó
y es del silencio guardián.

Un silencio bien terrible,
silencio propio del mal,
el silencio inadmisible,
el silencio sepulcral.

Silencio necesitamos
con el fin de que el cerebro
haga mover nuestras manos
al son del dulce requiebro.

Hay un silencio final,
silencio definitivo.
Es el silencio especial,
el que indica que te has ido
para nunca regresar.

El silencio que prefiero
y al que amo de verdad
es el silencio sincero
que salve a la humanidad.

La guerra es la cara inversa
del silencio verdadero,
es el silencio embustero
que la vida tergiversa.

Otro silencio importante
es el silencio del reo,
legalmente relevante
cuando la vida está en juego.

El silencio del marido
cuando a su mujer engaña,
cuando el ingrato es cogido
en la insidiosa patraña.

Se oye al silencio venir
con un tropel que te asusta,
entuerta tu porvenir.
Saca y dale con la fusta.

En silencio ahora me quedo,
ya no debo decir más,
pues a callarme procedo.
Silencio, pues, y no más.

EL SUEÑO

Es el sueño necesario
para poder subsistir,
pues cuando el sueño es precario
se convierte en un calvario,
impidiéndonos vivir.

El sueño nos da vigor
cuando se coge al momento.
El sueño es reparador,
se recupera el aliento.

Cuando el cansancio nos vence
el sueño nos reconforta,
pues después que este comience
una enorme fuerza aporta.

Cuando el sueño nos invade
aceptamos que es un hecho.
Solo, pues, estrés añade
si no nos vamos al lecho.

El infante necesita
el dormir constantemente.
Es el sueño quien le evita
los espasmos de su vientre.

Necesitamos dormir
para ayudar a la mente
a sus funciones cumplir
sin que el tedio la atormente.

Cuando el insomnio aparece
socava nuestras defensas.
Todo el cuerpo lo padece
sin mínimas recompensas.

El insomne es un enfermo
con una gran disfunción.
Deja su cerebro yermo,
pues no hay fácil solución.

Otro problema del sueño
es la conocida apnea.
No es un problema pequeño,
es enfermedad muy fea.

La padece mucha gente,
su incidencia no es un cuento.
El veinticinco por ciento,
la mayoría no es consciente.

Las más fuertes candidatas
son las personas obesas.
Si el problema no lo tratas
seguro tendrás sorpresas.

Tenemos la ensoñación,
esta es otra enfermedad.
Produce la sensación
de que el sueño es realidad.

El que ensueña está despierto,
mas su cerebro lo engaña,
pues le hace creer que es cierto
lo que es solo una patraña.

Hay sueños que son distintos
al sueño que hemos descrito.
Son sueños muy variopintos
los de un cerebro contrito.

Esta es una actividad
propiamente del cerebro.
Los sueños no son verdad
y lo son en blanco y negro.

Casi nunca se recuerdan,
las escenas son borrosas.
Con la realidad concuerdan,
pero en muy poquitas cosas.

Solo cuando despertamos
del sueño en su desarrollo
percibimos los humanos
la realidad del meollo.

Hay sueños que se repiten,
relatan la misma historia,
con la realidad compiten.
Son cosas de la memoria.

Existe un sueño terrible,
pesado como la arcilla.
No es un sueño predecible,
a él llaman pesadilla.

¿Quién no tiene alguna vez
un sueño como el descrito,
que produce enorme estrés
por ser un sueño proscrito?

EL TRÁNSITO

Yo me quisiera morir,
dijo el anciano a su madre,
y siendo bastante tarde
ya no tengo adonde ir
ni perrico que me ladre.

Madre, dame la receta
para tener alegría,
pues soy como una maceta
que está perdiendo la vida
y que ninguno respeta.

Tal vez esta sea una vida
y a la otra yo he de ir
y si gano la partida,
entonces podré morir
sin la esperanza perdida.

¿Qué dice el abuelo, madre,
de lo sobrenatural?
Él seguro que al baladre
le corta la flor muy tarde
para que pueda durar
en la casa de su madre.

El trigo

Ayer, yendo para Illescas,
iba mirando los trigos
con sus espigas enhiestas,
propicias para las fiestas
que bendicen los cultivos.

Un año de pan llevar,
dice la antigua sentencia.
Solo es cuestión de paciencia
el plantar y el cosechar.

Pan llevar es castellano,
lo siguiente significa:
los cultivos de secano
que son sembrados a mano
y el padre sol magnifica.

El pan es un alimento
muy común y universal.
No se trata de un invento
descubierto en un momento;
es alimento esencial,
pues él es nuestro sustento.

EL TROVO Y SU ORIGEN

El TROVO es una forma musical tradicional de la comarca de la Alpujarra (Granada y Almería), así como de otras zonas del sureste español (provincia de Murcia, norte de las provincias de Granada y Almería y sur de la provincia de Albacete), consistente en la improvisación de «poesía dialogada» sobre una base musical folclórica. Los trovos se ejecutan también en la zona del oeste de Granada (comarca de Loja), sureste de Córdoba (Subbética cordobesa) y noreste de Málaga.

El trovo marca las grandes coordenadas culturales de la Alpujarra, el modo de ser, sentir y pensar de los hombres y mujeres de esa tierra y, en consecuencia, es la más importante manifestación cultural de la zona.

Marín, el trovero cartagenero y su recuerdo

El paseo de las Delicias se halla dividido y la parte que comprende desde la plaza de Bastarreche hasta el Puente de Mompeán (dejando a la izquierda las estaciones del Feve y los autobuses y a la derecha, la bajada de la Cuesta del Batel hacia el puerto), lleva el nombre de TROVERO MARÍN. El trovero JOSÉ MARÍA MARÍN MARTÍNEZ nació en la diputación cartagenera de La Palma el 18 de julio de 1865. Fue una de las figuras más relevantes del arte de versificar improvisado, considerado por los especialistas como el mejor y de mayor calidad de los numerosos que aparecieron en el panorama artístico y a la altura del santomerano David Castejón, conocido como el «patriarca del trovo».

Sin pretender ni siquiera llegar a la altura de sus zapatos, me he permitido componer el siguiente trovo, que solo tiene de meritorio la buena voluntad con que lo he compuesto.

Asensio Liarte

Es el trovo una belleza
que debemos preservar
aunque no tenga la alteza
de lo que ahora llaman rap.

El trovo nace del alma
y es el pueblo su lugar,
son sus versos pura calma
y el corazón es su altar.

No se trata de una broma
el arte de bien trovar.
Es igual que una paloma
cuando se arranca a volar.

No me mires desde arriba
queriéndome despreciar.
No te olvides de la estima
que me debes profesar.

Estas humildes cuatro cuartetas son de mi propia cosecha, pero nada que ver (pues no son repentizaciones) con la enorme belleza de las que repentizaban los más insignes troveros, como fueron Marín y el Retal. He aquí una pequeña muestra:

MARÍN:

Tantas razones mandar
que a Cuesta Blanca viniera
a trovar con el Retal
cuando con piezas enteras
tela me suele faltar.

EL RETAL:

No permito que me ultrajes
con tu manera de hablar
ni que mi trovo rebajes.
Quizá con este retal
te sobre tela *pa* un traje.

MARÍN:

Quisiera ser papagayo,
desos de plumas azules,
para cagarme en tus…
sábado, domingo y lunes.

El Retal:

Yo quisiera ser un perro,
desos del rabo *cortao*,
para cagarme en los tuyos,
los días que me has *dejao*.

Y así podían transcurrir horas y horas. No hay que olvidar que el enlace entre un trovo y el siguiente es inmediato y «repentizado», es decir, sin casi tiempo para pensar la respuesta. La rivalidad entre troveros era a veces extrema, hasta el punto de zanjar la contienda recurriendo a la «razón» de los puños.

Asensio Liarte

EL VINO

Lo llaman néctar de dioses,
otros dicen que es la gloria.
Hace a los lentos veloces
y hasta ensancha la memoria
de los ancianos precoces.

Pues por lo que a mí respecta,
pienso que es algo divino.
Cuando se sube a la testa
ensancha nuestro camino.

A veces, algunas veces,
si de rosca nos pasamos
nos euforiza con creces,
pues se nos va de las manos.

Agua parece esta cosa
por su líquida apariencia.
Su cualidad es bien hermosa,
sólida su consistencia.

Lo hay de varios colores,
pues según sea la fruta,
estando entre los mejores,
de los que más se disfruta.

Se toma frío o del tiempo,
con más o menos tanino,
y lo dije hace un momento:
es un producto divino.

Hablaremos del color.
Cuando es claro ha de estar frío
y si es oscuro es mejor
beberlo sin desvarío.

Coincido con lo que dicen
los expertos en el tema:
denominación de origen,
este es el mejor sistema.

A veces es el exceso
el que incide en la cuestión
y es necesario por eso
beber con moderación.

Sus efectos suelen ser
el que veamos dos caminos
y es conveniente beber
sin que cambien los destinos.

Es de suyo legendario,
es muy antiguo en el tiempo.
El mismo destinatario,
el humano desaliento.

Desaliento que mitiga
cuando se toma en porciones.
Diga el vulgo lo que diga,
mejor las moderaciones.

Aquel de color oscuro
el médico lo aconseja,
pues él lo da por seguro:
a un elixir se asemeja.

Bueno para el corazón,
pues ensancha las arterias.
Quizá tengan la razón
por salubres sus materias.

Existe de muchas clases,
no lo toma el sarraceno.
Con él puedo hacer las paces,
pero solo si es muy bueno.

Para nada me interesa
el que se vende a montón.
Solo el olerlo me pesa
el llamado peleón.

Aunque yo experto no sea
y solo entienda del malo,
pues mi paladar desea
el otro, que es el no-malo.

En España los tenemos
de los mejores del mundo.
Cada día menos bebemos,
según me dice Facundo.

Cada año son mejores,
causa de elaboración.
Se salvan los productores
yéndose a la exportación.

Si hablamos de maridajes
estoy de acuerdo y por eso
en los manchegos parajes
se toma con un buen queso.

Ese queso de pastor,
un invento de labriego
hecho con leche y amor,
sublime queso manchego.

Sus madres son las ovejas,
ya sean churras o merinas.
Van en calidad parejas,
pues sus leches son divinas.

Hubo un film en el pasado;
protagonista, un *bambino*,
el cual fue denominado
con nombre de Marcelino.

Fue famoso en su momento
y sus méritos están
en este precioso cuento,
cuyo objeto fue el pan.

La cosa de que os hablo
no es una cosa cualquiera.
Si esta discusión entablo
es por mor de su solera.

Lo que acabo de decir
tiene buenas intenciones,
salud suele producir
y alegra los corazones.

Creo que ya llegó el momento,
ya que es justo desvelar
el espíritu del cuento
con este simple rimar.

Espero no ser pesado
ni cometer desatino,
pues lo anteriormente hablado
se refiere solo al vino,
elixir embotellado.

El vuelo

Si yo pudiera tener
la gracia que tiene el pájaro,
yo ya sabría lo que hacer
para poder merecer
la bendición del trabajo.

Dios al hombre ya le dijo
cuando un día lo tuvo enfrente:
«Tú ganarás tu pan, hijo,
con el sudor de tu frente».

Pero lo que no pensó
es que el hombre, en su egoísmo,
su confianza estafó,
lanzándose él al abismo.

Cuando pienso en la nobleza
el corazón se me ensancha,
me olvido de la tristeza
y a mí la vida me engancha.

No creas que a mí me convences
cuando vienes a rogarme.
Son los monjes cistercienses
los que van a liberarme.

Cantarina fuente de agua
que mis sentidos alegra,
es igual que la piragua
que nace en la madre tierra.

Con un pedazo de pan
untado con dulce miel
las tantas a mí me dan
mirando el reloj, pardiez.

El tiempo, qué cosa el tiempo,
él transcurre inexorable.
Es más rápido que el viento,
más afilado que un sable.

Si el tiempo a ti te preocupa
piensa en cosa más tangible.
El caso que nos ocupa
es algo que no es medible.

Cuando la niñez se aleja
y el cuerpo se te entumece
la senectud te maneja,
tu belleza desmerece.
Llega volando y se va
la vida de nuestro cuerpo,
pues no tiene *libertá*,
al igual que piedra en huerto.

Vuela como mariposa,
que en oruga se convierte
dejando de ser hermosa,
pasando a ser cuerpo inerte.

Dame pan y dime tonto,
dijo el listo al panadero,
y se percató que pronto
se quedó con su dinero.

Hay metáforas sin cuento
muy fáciles de entender,
pero que ellas con el tiempo
pasan de ser a no ser.

El que crea que todo vale
en sus cabales no está,
pues la cuenta no le sale
y en el limbo acabará.

Volando, volando voy.
¿Hacia dónde me dirijo?
¿Es al sitio donde estoy?
Esto sí es un acertijo.

Si supieras lo que yo
y yo lo que tú ya sabes
serías como un Pocoyó,
teniendo todas las claves.

¿Existió lo que no existe?
Buena pregunta, mi amigo.
¿El toro pasado embiste?
Que te conteste el mendigo.

Es el malo malandrín
y el avariento es avaro,
es el chino mandarín.
Con tal lío yo no me aclaro.

¿Cómo vuela el avión?
El piloto es quien lo sabe.
Y si vuela el camión
el camionero es la clave.

ERE QUE ERE

Deseando estoy que salga
la sentencia de los ERE
para ver cómo se salda.
¿Lo que la gente prefiere
es que le toquen la nalga?

¿Qué pasa con el «tú más»?,
excusa que ha funcionado
y el oponente ha dejado
como a orquesta sin compás.

Yo quiero que paguen todos,
los azules y los rojos,
pues para mí son despojos
tanto azules como rojos.

Si se quedan lo afanado
conseguirán su objetivo,
quemar al árbol caído
y disfrutar lo robado.

EXTREMA Y DURA

Extremadura, tierra brava y pura,
tierra de gentes valientes
que construyeron los puentes
para una gran singladura.

Dejaron huella en América,
descubriendo un nuevo mundo.
Con un hacer muy fecundo
engrandecieron el mundo.

Tierra de fuentes y ríos,
de pantanos y dehesas
que con sus encinas viejas
dan a los suidos sus bríos.

Los que son de raza ibérica
son la esencia del cortijo,
que sus jamones Dios hizo
apreciados por doquiera.

Por causa de la codicia
unos pocos de sus hijos
hicieron gran injusticia
y un grandísimo estropicio.

La cultura les negaron
los burdos terratenientes
y hubo muchas pobres gentes
que tuvieron que emigrar
para no ser indigentes.

El hombre de cultura escasa
es fácil de manejar
y hasta dejarle sin casa
ni derecho a trabajar.

El extremeño es un alguien
honrado e inteligente.
Se merece mejor vida
y ganarle la partida
al burdo terrateniente.

Buñuel y el documental
que sobre Las Hurdes hizo
nos mostró el lado enfermizo
de la triste humanidad.

Al pueblo de Extremadura
corresponde levantarse
y a someterse negarse
y, aunque la empresa sea dura,
hacer grande Extremadura.

Lo anterior ¿son conjeturas?
No, que es la pura verdad.
Solo la madre natura,
con más o menos soltura,
alcanza la realidad.

No podemos olvidar
el estropicio causado
en la sierra de Monfragüe.
Allí no existía olivar,
pero sí un gran matorral
que fue en gran parte arrasado.

Ahora es parque natural,
pues triunfó la inteligencia.
El bien ha vencido al mal
y ahí es la buena conciencia
la que de forma legal
deja que triunfe la ciencia.

La agricultura es potente,
cada vez lo será más,
y es la hora de la gente,
gente hacendosa y valiente
y decente por demás.

En el arte del buen vino
comienza a ser importante
la viña de Extremadura.
Tiene una enorme frescura
y un excelente talante.

Canteras de Don Benito
y su industria del granito
han implantado un buen rumbo
con desarrollo fecundo,
han colocado un gran hito
en los mercados del mundo.

Las tortas de la Serena,
las de Ibores y El Casar
son una respuesta plena
que ya podemos tomar
como almuerzo o como cena.

¿De las cerezas del Jerte
cómo me voy a olvidar?
Surgen de un paisaje agreste,
el cual, para nuestra suerte,
nos brinda ese gran manjar.

Incipiente pero fuerte
una industria está naciendo,
que sin ínfulas ni humos
allí se está construyendo
lo que no quieren algunos.

Fin de curso 2018

Este curso que hoy termina
nos ha enseñado una cosa,
que de forma discontinua
es la que manda la *doxa*.

Todos quieren opinar
con la esencial condición,
la de dejarse abrazar
por la lógica razón.

Es un grupo heterogéneo,
lo normal en estos casos.
Es un grupo donde el genio
vence siempre a los fracasos.

Jubilados casi todos
y también hay cotizantes,
laborantes temerarios
que, como recios templarios,
ofrecen buenos talantes.

HISTORIA CIERTA O CUENTO

Me contaron una historia
que aseguran que es real.
La conservo en la memoria,
la cual narra la victoria
de rebelión criminal.

Dieron un golpe de Estado
en forma desmesurada.
El país quedó arrasado
y la gente, masacrada
en un suelo destrozado.

Esto pudo acontecer
en un país africano,
también pudo suceder
en un sudamericano.
Allí vaya usted a saber.

La historia siempre repite,
pues siempre triunfa el felón
aunque por cerebro tenga
un descomunal melón.

Casi siempre militares
quieren «salvar» el país
colocando en los altares

a lerdos y similares,
cuyo afán es destruir.

Nada nuevo bajo el sol,
lo que Nietzsche ya predijo.
Nada puede ser mejor,
se repite el acertijo,
siempre el mismo perdedor.

Y ahora comienza la historia,
la de un niño afortunado.
Y, aunque de triste memoria,
es un cuento bien contado.

En plena guerra nació
un niño muy guapo y fuerte.
Por fortuna se salvó
de las garras de la muerte.

En una humilde familia,
con la guerra por condena,
su existencia transcurría
sin gloria, pero sin pena.

Su padre en la guerra estaba
luchando contra el golpista
y a su hijo deseaba
que fuera un ser realista
y lo mejor le auguraba.

Después de su nacimiento
un año había transcurrido
y el rebelde había vencido
a un enemigo harapiento
por la miseria invadido.

El padre ya regresó,
acabada la contienda,
y comenzó a trabajar
para así poder pagar
la deuda que había en la tienda.

Muchos tuvieron que huir;
como refugio, el exilio.
Y a fin de sobrevivir
necesitaron auxilio
para poder subsistir.

Durante muy largos años
fue un triunfo la dictadura.
Para muchos, desventura;
para el resto, gloria pura,
causa de muchos apaños.

Muchas personas murieron,
muy cerquita del millón.
Según qué bando eligieron
más que su vida perdieron,
según la ley del talión.

Más de cien mil permanecen
donde fueron fusilados.
Sus familias no merecen
que fueran asesinados
por mezquinos intereses.

Entre los que se quedaron
estaba el padre del niño.
Había vuelto derrotado,
pues él solo había salvado
de los suyos el cariño.

Él se creyó la promesa,
mentira del vencedor.
Prisionero lo llevaron
y en juicio lo condenaron,
despreciando la promesa.

Veinte años fue la pena
y a una cárcel de exterminio
a cumplir fue su condena.
Venció al fatal vaticinio
de la inhumana cadena.

Cinco años y tres meses
hasta que lo liberaron.
Su familia en tantos meses
a subsistir le ayudaron.

Siete años de edad estable
entonces tenía el niño.
Se le veía saludable,
con la piel como el armiño.

Más hermanos le nacieron.
Su madre fue un gran apoyo
y entre todos consiguieron
salir del profundo hoyo.
Sus vidas reconstruyeron.

El padre murió un mal día
a edad bastante temprana,
dejando a la su familia
en situación más bien plana
en cuanto a su economía.

El niño ya era un adulto
cuando el hecho aconteció.
Muy bien se desenvolvió,
pues era bastante culto.

Trabajaba y estudiaba
carrera universitaria
y tan pronto la acabara
sus servicios ya prestara
en construcción portuaria.

A pesar de haber llegado
a obtener la democracia,
el pueblo sigue enredado
en la eterna contumacia
producida, por desgracia,
de aquel vil golpe de Estado.

Siempre existe una razón
que le viene bien al caso,
siempre trae la destrucción,
pues destruye de un mazazo
de la gente la ilusión.

Justificarlo es cruel.
Los que lo hacen bendicen
a los que entran en tropel
arrancando las raíces
y apropiándose el pastel.

Y hasta aquí a mí me contaron
y puede que cierto sea.
Por favor, el que esto lea,
lo crea o no se lo crea,
es lo que a mí me afirmaron.

IMPROVING GERLS (SPANGLISH)

En este *wonderful* grupo
existe un *amount* de *ladies*
que portan en su macuto
las bellas playas de Cádiz.

Ellas merecen presentes
como un hijo de vecino
y son razones patentes
a celebrar con buen vino.

Pues son un pequeño grupo,
parece que estén sus vidas
dentro del selecto cupo
de las muy comprometidas.

Ellas de acuerdo no están,
pues son libres como el viento,
y fuertes se sentirán
como el muro de cemento.

Yo apuesto por su derecho
a recibir cualquier *gift*
y comprendo su despecho
al no recibir *it*.

IM-PUTADA

La Desparpajo, imputada.
Una falta de respeto.
Señor mío, qué charada.
A fe que no entiendo esto,
pues es lo que me faltaba
pa sacar los pies del tiesto.

Se le ha helado la sonrisa,
los otros son los culpables.
La ley se ha tomado prisa
en ponerla de esta guisa.
Se le han cruzado los cables.

Tenemos unos políticos
que nos vienen engañando.
Ya no se salva ninguno
¡y los seguimos votando!

¿Qué pasa en este país?
No levantamos cabeza,
pues lo mismo que el anís
que tomamos por ahí
me ha dejado de una pieza.

Justicia Europea

Me pides que me presente
a presidente en Madrid.
Yo no tengo ningún máster,
pero si yo lo tuviera
me habría exiliado fuera
y ya no estaría aquí.

Me habría marchado a Bruselas,
que allí se vive muy bien
y, aunque no se tengan pelas,
las jugosas corruptelas
pueden ser nuestro sostén.

Suiza también me vale
y Alemania no digamos,
pues de la cárcel se sale
sin esposas en las manos.

Viva la Unión Europea
y su justicia exquisita.
Puedes hacer lo que sea
sin sufrir tú ni una cuita.

LA ACLARACIÓN

Esta es una aclaración a *La burrez* (12-08-2018)

Si lees con atención
tú veras que el trovo trata
de aclarar el craso error,
que herrar y errar son los dos
hijos de una misma mata.
Confundirlo es un horror
que a mucha gente le pasa.

Tranquilo estés, compañero.
Era sana mi intención,
pero resulta una pena
y una horrorosa condena.
Me induce a pedir perdón.

El asunto viene a cuento
porque en el trovo de ayer
utilicé un argumento,
usé yo en un mal momento
el errar y herrar también.

Como tú sabes, herrar
es un asunto de équidos
y resulta un comodín
para poetas intrépidos.

La poesía es una «ciencia»
para decir y rimar.
Se permite la licencia
de los verbos trastocar.

LA BARAKA

Deseémosle baraka
al Gobierno que ahora llega.
Hay cosas que mejorar
y leyes que derogar
para que la gente pueda
sus problemas solventar.

Las pensiones son un reto,
reto que hay que superar,
pues un pensionista es esto,
alguien al que hay que cuidar.

Energías renovables,
otro asunto singular.
Las leyes indeseables
las debemos anular.

Precariedad en el trabajo,
una injusticia sin par,
pues un salario tan bajo
no se debe tolerar.
El hombre no es un pingajo
que se pueda desechar.

Es urgente revertir
la presente situación.
No podemos consentir
la moda de reducir
la buena investigación.

La moral restablecer
es nuestra piedra angular.
No admitamos la mentira,
combatamos con gran ira
cualquier forma de robar.

No olvidemos Cataluña,
que es un problema mayor.
Solución sí que tendrá
y no se resolverá
con la cruel sedición.

El fanatismo es dañino
y el nacionalismo más.
No parece este el camino
para conseguir la paz.

LA BURREZ O EL HORROR DEL ERROR

Cuando se cae en el *herror*
no es bueno perseverar.
Hay que asumir el horror
para el error enmendar
y sortear el dolor.

Si en el error te mantienes
serás lo mismo que el gallo,
que a las gallinas mantiene
conservando lo que tiene,
mantenello y no *enmendallo*.

Pero si de herrar hablamos
no caigas en desatinos.
Lo que así significamos
es que de plano ya entramos
en temas de los equinos.

Los équidos todos son
unos nobles animales,
mereciéndose el blasón
de ser amigos leales.

El burro es en cierto modo
descendiente del caballo.
Caballo no lo es del todo,

pues es burro para todo.
Lo digo yo y no me callo.

En un puro castellano
decir burro significa
que se trata de un humano
con una mente estrechica.

Algún humano con fama
de ser terco y poco dúctil
cuando alguien se lo llama
él le está diciendo inútil.

Dejémonos de burradas
y volvamos al presente,
pues al que burro te llama
tú síguele la corriente,
pues su burrez es malsana
por burlarse de la gente,
de la gente campechana,
la que es cabal y decente.

El burro es un animal
al que también llaman asno,
trabajador especial.
Si lo quieres comprobar,
ven a verlo trabajar
o comiéndose un durazno.

No has de al burro maltratar,
trátalo como a un hermano.
Él siempre te va ayudar
aunque tú no seas su amo.

Aquí es de justicia hablar,
me lo dicta la razón,
de aquel burrito especial
al que un libro universal
le dedicó Juan Ramón.

Uno tuvimos en casa,
le llamábamos Perico
y mi vecina Tomasa
decía que era muy cortico.

Aún lo recuerdo con pena,
pues mi padre lo vendió
en un trato de taberna
a quien bien se lo pagó.

No me canso de alabar
a este entrañable colega.
Ya sé que no sabe hablar,
pero su vida te entrega
en la época de siega
y en la del campo sembrar.

Tantas cosas te diría
de este ser que tanto aprecio
y no sé lo que yo haría
si con tintes de desprecio
lo trataran algún día.

Sentado bajo un baladre**,
hoy recuerdo la canción
que un día me enseñó mi madre
cundo yo vivía en La Unión.

«Ya se ha muerto el burro
de la tía Vinagre,
ya se lo llevó Dios
de este mundo miserable,
que tururururú,
que tururururú,
que tururururú,
que tururururú».

**   Baladre: Adelfa en dialecto cartagenero.

LA CABRA

Tomando el arroz con leche
que ayer yo me cociné,
es razón que yo aproveche
la leche que yo compré
antes que sople el lebeche.

Pues lebeche este es el nombre
que damos en Cartagena,
aunque a veces nos asombre,
al viento que a veces quema.

Como digo, recordé
procedencia de la leche.
Al punto me emocioné
cuando también yo pensé
en las cabras y el lebeche.

Son recuerdos muy lejanos,
pero que vivos conservo.
Pertenecen a mi acervo
y no son simples arcanos.

Mi recuerdo de las cabras
es algo que no se borra.
Ejercí de guardacabras,
salvándolas de la zorra.

La cabra es un animal,
el primer domesticado
ha diez mil años o más,
siendo el primer ungulado
confinado en un corral.

El registro fósil dice
que esto fue en lejano Oriente.
Como la ciencia no miente,
es verdad que se bendice.

Existen varias especies,
todas ella entroncadas.
Todas están agrupadas
en distintas subespecies.

Son su carne, piel y leche
los productos principales
y es justo que se aproveche
en los tiempos actuales.

Que la cabra tira al monte
es lo que siempre se ha dicho
y ya no está en entredicho
que ha expandido su horizonte.

Se alimenta fácilmente,
pues no es nada selectiva.
Come forraje y simiente,

es enormemente activa.
Es, pues, muy poco exigente.

Un ente beneficioso
es la cabra para el monte,
pues limpia el suelo boscoso
haciendo de guardamonte.

Su leche, muy nutritiva,
es ampliamente apreciada,
responsable inveterada
de que el pueblo sobreviva.

Del queso no hemos hablado,
él está entre los mejores.
Producto tan reputado
como el que hay en Los Ibores.

En toditas las Canarias
son las cabras primordiales.
Producen materias varias,
placer de los comensales.

Especialmente menciono
comida que no es exigua.
Entre todos selecciono
guiso de cabra a la antigua.

Si tuvieras ocasión
tú no dejes de probarlo,
pero la mejor opción
es localmente tomarlo.

Pero hay algo sublime
que lo produce la cabra.
Este es el queso gomero,
que a cualquier queso redime.

Varios concursos ganó,
es mejor queso del mundo
y si alguien no lo probó
es un fallo tremebundo.

La cabra que más conozco
esa es la cabra murciana.
Soy parcial, lo reconozco,
pero ancestral es su fama.

Su leche es un gran recurso
de la simple economía,
ganando cualquier concurso
sin importar su cuantía.

Cabras en casa tuvimos,
leche y queso producíamos.
Nosotros los consumimos,
pero el resto lo vendíamos.

Fui pastor en ratos libres,
ahora cabrero lo llaman.
Los pastores, hombres libres
porque a las cabras las aman.

No es extraño que conserve
en mi memoria el legajo
y el placer yo me reserve,
pues fue mi primer trabajo.

De los seis hasta los once
es la edad en que trabajo
y en el Cabezo de Ponce
de las cabras me ocupé.

Otro recurso importante
eran también los cabritos,
productos de comerciante,
vendidos vivos o fritos.

También tenían la misión
de hacerse cargo del cambio,
ser nueva generación
y producir el recambio.

Es un manjar el cabrito,
dicen, mejor que el cordero.
Plato, pues, tan exquisito
que hay que quitarse el sombrero.

Como fácil puede verse,
la cabra es un aliado,
pues ella ha de protegerse
y es justo que pueda verse
pulular por cualquier lado.

Desde aquí quiero loar
a esta cabra, que no vaca,
a punto de eliminar
a la que tanto destaca.

LA CARTA

La carta es papel escrito,
llamada también misiva.
Tiene un valor exquisito
para el receptor, lo admito,
y también para el escriba.

De la carta yo conservo
dentro, muy dentro de mí,
un indeleble recuerdo
con más valor que un rubí.

Ahora la carta es historia
tal como antaño existía.
Verdad es que está en la memoria
de todo aquel que escribía.

Las nuevas tecnologías
a la carta arrinconaron
y a fe que la relegaron
a grandes minusvalías.

Con *facebuc* y el *guasap*
tenemos dos soluciones
con las que comunicar
todas nuestras intenciones.

Qué emoción, qué sobresalto
cuando una carta llegaba.
El corazón daba un salto
si era carta de la amada.

Pues el hombre también era
objeto de la emoción
cuando carta recibiera
venida por avión.

Y no te quiero decir
el valor tan importante
de una carta recibir
escrita por el amante.

En este caso es verdad
que el género da lo mismo.
Lo que importa es la bondad
que elimina el cataclismo.

Puede ser hombre o mujer
el que la carta recibe.
Siempre es el mismo placer
el que su mente concibe.

La carta también tenía
una misión especial
cuando la carta venía
de aquel, tu país natal.

Estaba la carta urgente,
que casi siempre traía
la noticia impertinente
que la vida ensombrecía.

Hay una carta esperada,
a veces con impaciencia.
Es una carta añorada
que nos habla de una herencia.

Hay una carta que nunca
recibir nadie quisiera.
Es aquella que te anuncia
tu marcha para la guerra.

Cuando el hijo está en el frente
mucho es su carta esperada
por la madre que se siente
por su hijo abandonada.

Hay una carta oficial
con una sorpresa oculta.
No es una carta normal,
esconde dentro una multa.

La carta no deseada,
de contenidos funestos,
es la carta malhadada,
la de pagar los impuestos.

También recibimos cartas
de farragosas lecturas,
pues no son simples pancartas,
pues son las de las facturas.

Cartas que ya no nos llegan,
ya son cosas del pasado,
pues los modernos alegan
que este mundo ha cambiado.

Tal vez sea lo adecuado
aceptar la situación.
Yo me siento anonadado
y no cambio de opinión.

La carta yo reivindico,
de belleza indiscutible,
pues la carta es preferible
a ese Twitter tan cortico.

Cuando una carta leía
avanzaba con fruición,
pues la carta me traía
indescriptible emoción.

No me importaba que esta fuera
una carta alegre o triste.
Es igual de quién viniera,
pues la emoción siempre existe.

Tenemos, pues, otras cartas
que no se envían por correo.
Con tus manos las repartas,
pues son cartas de recreo.

Se utilizan en los juegos,
son los llamados de azar.
No son aptas para ciegos,
te suelen arruinar.

Una carta portentosa,
que no es ninguna mandanga,
es la carta milagrosa
que está escondida en la manga.

Los tahúres la manejan
con maestría infinita.
Sobre la mesa la dejan
y al contrario lo despista.

Hay también un viejo dicho
de resultado presunto,
cartas que no son capricho,
las cartas en el asunto.

Si tú quieres mi consejo
cuando el juego tú repartas,
nunca seas el pendejo
que siempre enseña sus cartas.

Y recuerda lo que dije:
no imites al oso panda,
pues tu suerte yo predije
con carta oculta en la manga.

Hay más cartas, no lo dudo,
que aquí yo no especifico.
Mi ignorancia yo no eludo,
mi saber no magnifico,
pero el tema es macanudo.

LA «CIENFUENTES» I

Ningún interés me guía
en el asunto «Cienfuentes»,
pero con esta sequía
va siendo hora, si mientes,
que pagues cierta cuantía.

Ya lo dijo Cicerón
cuando a su hijo Lucilio
unas cartas escribiera:
rechaza la tentación
de instalarte en la quimera.

No es fácil la vida, hermano.
Cuando pretendes medrar
vas cogido de la mano
del peligro y la maldad.

Aunque tú nunca la encuentres,
pues es la felicidad
y no la inmunda maldad
la que motiva a las gentes.

LA «CIENFUENTES» II

Una «Cienfuentes» nos deja,
una «Cienfuentes» se va.
Aún quedan noventa y nueve
veremos lo que sucede,
qué recorrido nos da.

Agua de beber produce
y desde aquí se deduce
que el agua que da le luce
y a los humanos seduce.

Toda agua ha de ser pura
como el aire de montaña.
Malas fuentes eliminar sin premura
para evitar la amargura
de todo el pueblo de España.

Demos gracias a los dioses,
los del griego panteón,
por permitirnos los goces
que como corzos veloces
producen satisfacción.

LA CORRUPCIÓN

Me invade gran conmoción
tener que hablar otra vez
de la infame corrupción
que con grande tozudez
invade nuestra nación.

Otra vez es la política
la que se lleva la palma.
No es ninguna cosa mítica
que se puede tomar con calma.

Emergen continuamente
nuevos casos desgraciados.
Su aflorar es recurrente
y grandes son los pecados
que atentan contra la gente.

La codicia desmedida
es la más posible causa.
Ha ganado la partida
sin prisa, pero sin pausa.

¿Hasta cuándo, madre mía?
¿Qué día parará la noria
de esta ominosa sangría
que emborrona nuestra historia?

La justicia entorpecida
por los propios delincuentes.
Se reparten la mordida
corrompiendo a los decentes.

Vale que aquel que es honesto
no se deje corromper,
pero junto al deshonesto
casi nada puede hacer.

Lo peor de todo esto
son los que lo justifican,
ya que ellos los han puesto
y sus motores lubrican.

Utilizan la palanca
que tiene control remoto,
similar a un arma blanca
que se les da con el voto.

¿Qué deberíamos hacer
en la derecha y la izquierda?
No votar a los corruptos
aunque sean de nuestra cuerda.

Quizá así ya podremos
por una vez comenzar
a cortar estos extremos
y al país regenerar.

Lanzan grandes exabruptos
clamando contra el contrario.
Cuando el otro es el corrupto
le hacen pasar un calvario.

Y si el pecador es propio
lo exoneran sin complejos.
De cinismo hacen acopio,
se esconden como conejos.

Ayer comenzó a saberse
un nuevo caso muy turbio.
Tratan todos de esconderse
como pez en el Danubio.

En este caso el asunto
sí tiene gran relevancia.
Una vez más el presunto
no es un partido de Francia.

El *affaire* tiene nombre
de una importante mujer
y, aunque haya envuelto algún hombre,
todo es esperar y ver.

El entramado es notorio,
pues sobrepasa con creces
el gansteril repertorio
de los capos calabreses.

¿Es que no habrá gente honrada
en mi doliente país?
¿Solo existe esta manada
de talante caciquil?

Yo no tengo la respuesta
a tan notorio desmadre.
Seguro que hay gente honesta
y no solo vil compadre.

Aseguran que los ricos
no precisan delinquir.
Están hartos de mariscos
y solo desean compartir.

Católicos se declaran
para atacar a los otros,
como si nunca atracaran
a lomos de blancos potros.

Yo no sé cómo lo harán,
si sus pecados confiesan.
A delinquir volverán
cuando la bondad atraviesan.

Aquel que roba un caballo
en *far West* es un cuatrero.
Aquí solo es prisionero
el pobre que roba un gallo
para empinar el puchero.

Unos a otros se tapan,
evitando a la justicia,
pero algunos no se escapan
a causa de su impericia.

Quizá no sea este el motivo
por que algunos no se salvan,
pero es liviano el castigo
y mínimo lo que pagan.

¿Por qué razón esta gente
no devuelve lo afanado?
Pregunta muy recurrente
que nadie me ha contestado.

Cuando alguien les pregunta
siempre responden lo mismo:
«A mí eso no me consta;
son cosas del periodismo».

Es curioso constatar
esa labor tan inmensa
para la verdad encontrar
que realiza la prensa.

No es un problema acabado.
Sería mejor la condena
si en lugar de ir a la trena
devolvieran lo robado.

Podría seguir sin problemas
hablando de esta desgracia,
pero prefiero otros temas
alejados de problemas
de la hispana idiosincrasia.

LA CUITADA I Y II

Las historias que yo cuento
en mi modesta poesía
son aquellas que yo encuentro.
No son pura fantasía
ni un invento del momento
ni una amable malvasía.
No caer en el esperpento
ni rozar la apostasía
ni caminar contra el viento,
que es el que mueve la vida.

LA CUITADA I

Quiso el destino que fuera
en una fiesta de amigos
donde ella lo conociera,
cruzándose en su camino.

Ella que sentada estaba
justo en la mesa de al lado
con él cruzó una mirada
y aquí empezó su pecado.

Él, pues, con la «otra» estaba.
La «otra» era su mujer,
¿pero eso qué importaba
si no se iban más a ver?

Ella dijo, estupideces.
Es un hombre más, pensó,
pero más de veinte veces
su mirada ella cruzó.

Más de dos meses pasaron
hasta su próximo encuentro.
En la calle se cruzaron
junto a la plaza del centro.

Levemente él sonrió
y con mirada especial
ella le correspondió
con placer emocional.

Ella no pudo evitarlo,
a su lado se acercó
y después de saludarlo
un par de besos le dio.

Ella se sintió atraída
como el morlaco al encierro,
como la muerte a la vida
y como el imán al hierro.

Él la retuvo un buen rato
y también a ella besó
y no fue un puro arrebato
lo que por ella sintió.

Ella pensaba marcharse
y apartarse de su lado,
pero no pudo zafarse
del encuentro afortunado.

Pronto quedaron en verse,
había surgido el amor.
Sería terrible abstenerse
y no vencer su temor.

El primer fin de semana
los dos fueron a la costa
felices como campana,
la cual es tañida aposta.

Fue una decisión certera
toda llena de candor
y esa fue la vez primera
que consumaron su amor.

Como se sintió culpable,
él le dijo: «Tengo esposa
y una familia admirable,
tan bella como una rosa».

Esto es lo que ella intuía.
Difícil sería su amor,
aunque aceptar no quería
que la invadiera el rencor.

Ella sufría lo indecible
siempre que con él no estaba,
pero todo era admisible
cuando su cuerpo abrazaba.

Su vida era cual la rosa,
que siempre que a ella te arrimas
es maravilla olorosa,
pero te ensarta de espinas.

Su madre es quien le aconseja
que lo deje y más no peque,
pero a ella le acompleja
pensar que la vida es trueque.

Es mejor que lo abandones,
pues rompe tu corazón,
más siempre lo recompone.
Ella lo ama con pasión.

El amor es una cosa
difícil de controlar.
Tiene el tacto de la rosa,
mas no se puede domar.

Él, que sus dudas veía
en su cara atormentada,
llorando un día le pedía
que, por Dios, no lo dejara.

Ella, que a él adoraba,
no se pudo contener.
Mientras sus labios besaba,
le juró que ella era de él.

La cuitada II

Y así transcurre la vida
de una mujer tan hermosa,
con la esperanza perdida
de no ser nunca la esposa.

Él la quiere de verdad,
lo mismo que ama a su esposa,
careciendo de maldad
una historia tan hermosa.

Ella sí que no comprende,
ni lo pretende entender,
cómo se puede querer
a dos mujeres a la vez.

Su mujer sí que lo sabe
por sus frecuentes ausencias,
mas en su mente no cabe
prescindir de sus presencias.

Como yo soy la primera
soy la que tiene derecho,
siendo la «otra» la quimera
que se merece el despecho.

Él piensa que ella es primera
por puro y simple accidente.
La naturaleza es vera,
no lo que diga la gente.

Tiene el corazón partido
en dos mitades iguales,
pues todo tiene sentido.
Para él son las dos cabales.

La amante, de vida incierta,
siempre tiene la certeza
de que siendo la segunda
siempre tendrá menos fuerza.

Mas no piensa renunciar
a la parte que le toca.
En él quiere confiar,
por su amor se vuelve loca.

De él un hijo ella quiere
y muy pronto lo tendrá,
pues parirlo ella prefiere
a tenerlo que adoptar.

Y vino un hijo precioso,
que fue el que ligó sus vidas.
Aquel fue un momento hermoso
de alegrías compartidas.

No es un hijo indeseado,
es algo mucho mejor.
No es un hijo del pecado,
que es el hijo del amor.

Él dos familias formó,
a las cuales adoraba,
así que nunca pensó
en dejar a la cuitada.

Ella ya está resignada
a una vida compartida.
Siempre será la cuitada,
siempre será la querida.

Y así pasaron los días,
meses semanas y años.
Se quedó sola en la vida
como pastor sin rebaños.

LA DEHESA

Bonita naturaleza,
espléndidos animales
los que habitan la dehesa
y encinas y alcornocales.

Supongo es Extremadura
este frondoso paisaje.
Naturaleza tan pura
tiene un antiguo linaje.

No me resulta halagüeño
ver como su gente emigra
poniendo todo su empeño
y su tierra los denigra.

Algún día llegará
en que esta tierra despierte
y el sol resplandecerá
como en el valle del Jerte.

Índice

9 788418 230035